Sammlung Luchterhand 1041

Luchterhand Flugschrift

Zu allen Zeiten war die Flugschrift ein Mittel der Auseinandersetzung über den Menschen bedrohende politische Entwicklungen. »Luchterhand Flugschriften« werden in unregelmäßiger Folge zu solchen Fragen Stellung nehmen.

Sie werden sich einmischen, Partei ergreifen, streiten, provozieren: gedruckte Aufschreie gegen Gewalt und Völkermord, soziale Ungerechtigkeit und ökologische Gefahren.

Bisher erschienen:

Luchterhand Flugschrift 1
»Ich will reden von der Angst meines Herzens«. Autorinnen und Autoren zum Golfkrieg. (März 1991, vergriffen)

Luchterhand Flugschrift 2
Völkermord an den Kurden. Eine Dokumentation der Gesellschaft für bedrohte Völker. (April 1991, SL 1001)

Luchterhand Flugschrift 3
Lateinamerika: Die permanente Invasion 1492–1992. (Oktober 1991, SL 1040)

Luchterhand Flugschrift 4

Stoppt die Gewalt! Stimmen gegen den Ausländerhaß

Herausgegeben von Michael Jürgs
und Freimut Duve

Luchterhand
Literaturverlag

Originalausgabe
Sammlung Luchterhand, Januar 1992
Lektorat: Klaus Humann

Die Erlöse aus diesem Band werden für die Arbeit mit Kindern von Asylbewerbern verwendet.

Luchterhand Literaturverlag GmbH, Hamburg · Zürich. Umschlagentwurf: Max Bartholl. Satz: Utesch, Hamburg. Druck: Ebner Ulm. Printed in Germany.
ISBN 3-630-7104

1 2 3 4 5 6 96 95 94 93 92

Inhalt

Vorbemerkung der Herausgeber

Natürlich, viel wird auch dieses Buch nicht ändern am alltäglichen Rassismus in Deutschland. Denn lesen werden es doch allenfalls die, denen nichts fremder ist als der Haß auf Fremde. Und die, zu deren Nachbarn nicht jene Ausländer gehören, bei deren Anblick der deutsche Normalbürger plötzlich den verdrängten Faschisten in sich entdeckt – und auch zu Wort kommen läßt. Erreicht werden auch nicht jene Schlägerbanden, die längst jenseits aller Argumente und Diskussionen nur noch eine Sprache verstehen, die der Gewalt. Auch der Polizeigewalt. Oder dürfen in diesem Land nur linke Gewalttäter unter allgemeinem Beifall das Gewaltmonopol des Staates am eigenen Leibe erleben?

Nein, dieses Buch wird nicht viel ändern an der Seelenlage der Nation, wo Hoyerswerda zum Synonym der Angst nichtdeutscher Bürger vor deutschem Volksempfinden geworden ist. Deutschland im Herbst 1991, das war der Herbst der gar nicht heimlichen, sondern der unheimlichen Gewalt, das war der Herbst des Versagens der Politik, die außer großen Worten der Betroffenheit in ihrer Hilflosigkeit beschämend wirkte.

Es gab aber auch viele Stimmen der Menschlichkeit und Stimmen der Vernunft und Stimmen des neuen Deutschland, es gab Solidaritätskundgebungen, Bürgerinitiativen, Anzeigenkampagnen. Denn begriffen wurde auch dies: Feindseligkeit kann den inneren Frieden erst beschädigen und dann zerstören. Deshalb sind in dieser Flugschrift Texte zusammengestellt, die nicht nur von Journalisten in Ausübung ihrer Pflicht geschrieben wurden, sondern auch von vielen prominenten und nicht so prominenten Zeitgenossen, die nicht nur stumme Zuschauer sein wollten beim Anblick brennender Wohnheime in den alltäglichen Abendnachrichten des Fernsehens. Wenn in Deutschland wieder mal Millionen »anderer« Grund zur Angst haben, dann darf man den Schutz der anderen nicht allein der Polizei überlassen. Die Zerschlagung der terroristischen Vereinigungen von rechts – denn das sind sie – ist Sache des Staates, dessen demokratische Verfassung sie zerstören wollen. Aber die Bewahrung jener Schutzkultur, in der sich miteinander leben läßt, ist etwas, was uns alle angeht. Man darf über Asylrecht streiten, und man muß es auch, aber diese Diskussion darf nicht die einzige Antwort sein auf die Gewalt. Wer den Brandterror gierig nutzt, um Wahlen zu gewinnen, ist ein heuchelnder Biedermann, egal zu welcher Partei er sich bekennt.

Neben den Stimmen des Protestes, neben den Argumenten gegen den alltäglichen Rassismus, die in der »Hamburger Morgenpost« in einer Serie erschienen sind, haben wir in diesem Buch herausragende Reportagen, Analysen und Meinungen gesammelt, die helfen, Angstbilder zu korrigieren, die Fakten setzen gegen Angstmacherei und die all denen ein paar Argumente geben, die sich vom lauten Geschrei überrollt fühlen.

Wir danken der »Zeit«, der »Wirtschaftswoche« und dem »Spiegel« für die Genehmigung, dort erschienene Texte nachzudrucken.

Michael Jürgs, Freimut Duve, Hamburg, 18. 11. 91

1. Stimmen gegen den Ausländerhaß

■ Aufruf: Wir in Hamburg

Auch in unserer Stadt leben Menschen in Angst. Bilder von brennenden Fackeln, die nachts in Schlafräume geworfen werden, verfolgen sie.

Sie haben die Szenen gesehen, wo Umstehende Beifall geklatscht haben, wenn Jagd auf Frauen und Kinder gemacht wurde, nur weil sie nicht Deutsche sind.

Hamburg kann nicht leben, wenn Ausländer in Hamburg nicht leben können. Außerhalb unseres Landes sind wir alle Ausländer. Wer Ausländerhaß schürt, schürt den Haß gegen die freiheitliche offene Demokratie und gegen offene Grenzen.

Es gibt in Deutschland wieder Brandwerfer und Brandstifter, und es gibt Biedermänner, die den Haß schüren, weil sie ihn für ihre Ziele brauchen. Das Recht auf Asyl und die Bürgerrechte der Ausländer sind unantastbar; sie dürfen nicht für Wahlzwecke instrumentalisiert werden. Menschen ohne Wahlrecht können sich nicht wehren.

In Hamburg gibt es eine große Mehrheit von Bürgern, die sich dafür schämen, daß in Deutschland Menschen wieder Pogromangst haben. Diese Mehrheit darf keine schweigende Mehrheit bleiben.

Darum unterstützen wir die »Aktion für Inneren Frieden in Hamburg«

Günter Apel, Sabine Bissinger, Manfred Bissinger, Hark Bohm, Marion Gräfin Dönhoff, Freimut Duve, Jürgen Flimm, Adrienne Goehler, Günter Grass, Dr. Kurt A. Körber, Siegfried Lenz, Armin Mueller-Stahl, Jobst Plog, Will Quadflieg, Maja Stadler-Euler, Dr. Matthias Wegner, Karin Weber-Duve.

■ **Wir in Deutschland**
Aktion für Inneren Frieden
Zweitunterzeichner

Christa Randzio-Plath, Michael Jürgs, Prof. Linde Kern, Helmuth Kern, Esther Meijer, Ute Dickmann, Siegfried Müller, Vera Floigl, Dr. Jürgen Knaack, Marie Hüllenkremer, Christian Kuhnt, Petra John-Kourkoula, Dagmar u. Markus Hoffmann-Bönzli, Lisa Tsang-Dorn, Sylvia Henning, Christine Kruttschnitt, Ursula Richter, Rainer Löding, Uwe Biel, Reinhild Ewert, Barbara-Maryam Musti, Astriede Stehr, Sigrid Güldener, Barbara Franck, Lore Sievers, Hannelore Avzi, Helmut Baarske, Hannelore Visser, Ute Hertrampf, Heidi Hegen, Georg Schäfer, Hermann Christiani, Karin Fischer, Renate Roussety, Horst Görner, Rainer Braun, Dirk Eisermann, Gerda-Marie Schönfeld, Ingrid Icheln, Walter Icheln, Thomas Rohde, Ulrich Saurma, Enrico Brümmer, Monika Krohn, Géneviève Kröchel, Claudine Flathmann, Evelyn Gepp, die Hamburger Redaktion des Stadtmagazins »Prinz«, Karin Ortland, Stephan Wieseler, Jens Zimmermann, Bato Yilmaz, Jochen Schildt, Stefanie Rosenkranz, Stefan Endter, Matthias Weber, Jürgen Sieler, Jörn Voss, Oliver Hoepfner, Ida Kaufmann, Andreas Weier, Dr. Heinz Glässgen, Annette Rupprecht, Gundel Hesse, Ulrich Hesse, Volker Havekost, Inka Manthey, Bettina Hilbrecht, Carsten Weißbach, Michaela Weier, Christine Thiessen, Susann Stuckert, Ernst-W. Stuckert, Patricia Krause, Jürgen Liedel, Hubertus Zollenkopf, Ulrike Wetz, Edmund Meagher, Ulrike Schwarz, Irene Meffert, Peggy Parnass, Frauke Quathamer, Klaus-Peter Lohmann, Marianne Matzen, Inge Döpcke, Lore Betyna, Gisela Alberti, Barbara Meyer, Jaap van Kregten, Thea Bock, Monika Fallbrede, Bettina Grebbeling, Günesch Kale, Monika Scharnberg, Fabian Rux, Christian Carstensen, Anne Kotrade, Hartmut Wehmeier, Gabriele Rohwe, Gisa Mahnke, Ellen Köhler, Dirk Mötting, Elise Bonnet, Susann Hartwich, Katrin Meske, Luisa Fiedler, Norbert Busche, Dagmar Eßer, Liesel Schenck, Wolfgang Schenck, Ulli Dörwald-Eickelberg, Irene Eickelberg, Fritz Lange, Volker Hermsdorf, Hanno Lunin, Jürgen Brasch, Rosemarie Ameiser, Heidi Witt, Rosemarie Fischer-Osterhoff, Wolfgang Kremer, Hans Man in't Veld, Gerda Bruns, Jens-Ulrich Diepholdt, Sigrun Schmid, Mare Volmer-Alkoufri, Gerret Ungelenk, Angela Berlinecke-Ampratwum, Hermann Schreiber, Manfred Eichel, Rabia Jayasuriya, Christina Schneidenbach,

Sigrid Ulrich, Anne Thoma, Frank Mendelssohn, Doris Virgens, Ursula Köster, Christine Hentschel, Reinhard Kühne, Sabine Kühn, Andrea Schlemmer, Yoshua Schlömer, Familie Hans Krone, Eric Steimer, Sabine Karim, Eckard Lieb, Berrit Hoff, Hildegard Springer, Christine Sobottka, Reinhard Matthies, Rosemarie Westphal-Buhr, Klaus Harloff, Angela Boll, Andrea Partzanka, Hans-Werner Rust, Charlotte Böhm, Frank Jakobi, Dr. Eberhard Ermel, Hartmut Grell, Jochen Szech, Angela Meyer, Tibi Thomann, Angelina Pego, Hanna Mitzlaff, Eva-Maria Schliemann, Lynne Herbst, Hartmut Herbst, Christina Spengler-Sadkowski, Ilse Thoma, Dr. Regula Venske, Dr. Andreas Wang, Katharina Stein, Erdogan Kubalt, Willem F. Dincklage, Elke Dincklage, Angelika Wacker, Andrea Luksch, Renée Karthee, Rolf Schulte, Dr. Reiner Tschechne, Hermia Zöllner, Lennart Schwencke, Dorthea Braumann, Renée Schmidt-Roux, Jochen Schmidt, Jutta Beling, Sabine Rocholl, Angelika Schirmer, Eva Marg, Hans Dieter Held, Gerhard Garde, Maria von Bargen, Eggert Junge, Dalia Salaw, Thomas Thielemann, Shririn Fahti, Dr. Rainer Grothusen, Sabine Tepper, Martina Schnabel, Sigun Fulda, Hilda Loosen, Werner Loosen, Ela Nitzsche, Dr. Rainer Funke, Jutta Bauer, Sabine Polenz, Beate Gleiser, Christa Dünger, Paul Theodor Hoffmann, Dr. Reinhold Friedl, Anna Mikula, Elke Bunse, Claudia Wunderlich, Thomas Sönke-Kluth, Emanuel Eckardt, Jodd Jankowsky, Monika Rahn, Gernot Fligge, Sabine Rosenbladt, Werner Poelchau, Claudia Spiback-Scheunemann, Hermann Scheunemann, Gisela Henningssen, Hildegard Schmahl, Wolfgang Farwig, Susanne von Paczensky, Rolf Fritsch, Margret Zepf und Wolfang Rose – ÖTV Hamburg.

Mohammed Abed

■ Die bösen Zinnsoldaten erwachen

Als ich sieben Jahre alt war, wußte ich nicht, wo Deutschland überhaupt liegt. Ich kannte nur zwei Begriffe: Achtung und Heil ... Das brüllten immer die dicken Soldaten in den amerikanischen Filmen bei uns im Kino. Und ich wußte noch von einem Deutschen: Willy Brandt, damals Bürgermeister von Berlin. Jeder bei uns kannte ihn, er war jeden Tag mit Kennedy oder der Mauer im Fernsehen zu sehen. Mein Vater sagte immer: Das ist ein guter Deutscher. Zehn Jahre später, als ich zum erstenmal in Hamburg auf dem Bahnhof stand, konnte ich sie nicht entdecken, die bösen Zinnsoldaten und die guten Bürgermeister. Die Deutschen waren ganz normale Menschen. So wie ganz normale Chinesen, ganz normale Türken, ganz normale Perser. Damals.

Heute, nach fast 20 Jahren, muß ich neuerdings wieder an meine Kinderjahre denken. Die Zinnsoldaten, plötzlich gibt es sie wirklich. Sie sprechen von einer »durchmischten Rasse«, und zu meiner Freundin sagen sie vor meiner Haustür »deutsche Hure«. Der gute Bürgermeister, der lag mittlerweile im Krankenhaus, unter falschem Namen.

Neulich, da hat mich wieder so ein Deutscher beschimpft. »Nieder mit den Ausländern«, hat er gerufen. »Guter Mann«, hab' ich ihm gesagt, »da haben Sie sich viel vorgenommen, denn es gibt viel mehr Ausländer als Deutsche auf der Welt.«

Mohammed Abed lebt seit 16 Jahren als Unternehmer in Hamburg

Christina Adomako

■ Vortritt für Weiß

Verdammt, ich verpasse bestimmt wieder den Bus. Hab' ich meine Schlüssel? Und das Manuskript? Nichts wie los. Der Bus nähert sich schon, und ich renne. Beim Einsteigen drängelt sich eine etwa fünfzigjährige, gut gekleidete Frau vor, schiebt mich beiseite und ergattert einen der letzten freien Plätze. Dabei sagt sie laut und deutlich: »Noch sind wir hier in Deutschland. Es reicht ja wohl, wenn *die* mit im Bus fahren dürfen, aber erst sitzen die Deutschen.« Den Platz habe ich gar nicht gewollt. Ich sitze ohnehin viel zuviel am Schreibtisch. Soll ist etwas sagen? Lieber nicht. Ich schweige, so wie die übrigen Fahrgäste auch.

Im Verlag vergesse ich meine Hautfarbe. Bei der Hektik dort hat keiner Zeit, darüber nachzudenken, ob einer blond, dunkel, negroid, europäid oder sonstwas ist. Termine drängen, Manuskripte müssen bearbeitet, Fahnen gelesen werden. Ich fühle mich dort fast so wohl wie früher an der Uni. Aber nach Büroschluß muß ich in die wirkliche Welt des deutschen Supermarktes.

Ich stehe in der Schlange an der Käsetheke. Als ich endlich an der Reihe bin und meine 250 Gramm Cheddar bestellen will, ruft die Frau hinter mir ihre Käsewünsche. Ich glaube, ich bin dran, sage ich. Die Frau ignoriert mich und antwortet der Käseverkäuferin, ja, es dürfen zwanzig Gramm mehr sein. Ich wiederhole, daß sich hier alle angestellt haben und daß eigentlich ich dran sei. Worauf mich die Frau anschnauzt: Ich müsse ja nicht unbedingt zur Stoßzeit einkaufen, wenn die, die mit ihren Steuern für mich aufkämen, es täten. Ich hätte ja sonst den ganzen Tag Zeit.

Als die Frau mit ihrem Käse weg ist, sagt ein Mensch hinter mir, die Frau habe sicher einen schlechten Tag. Die anderen sagen nichts.

Zu Hause, am Abend, rufe ich meinen Bruder an, der in Aachen studiert. Wie geht's? Was macht das Studium? Und Marianne? Die hat schon wieder Theater mit den Eltern, sagt er. Marianne ist die Freundin meines Bruders. Ihr Papa droht schon wieder, ihr den Uno zu entziehen, weil neulich, als er bei seinem Töchterlein anrief, mein Bruder am Telephon war. Marianne hatte von ihren lieben Eltern nämlich die Order bekommen, mit diesem Typ Schluß zu machen.

Mein Bruder hat die Eltern sogar mal kennengelernt, war bei ihnen zu Hause. Bei welcher Gelegenheit Mariannes Vater beteuerte, er habe nichts gegen Schwarze, aber er wolle nicht, daß seine Tochter einen intimen Umgang mit einem Neger pflege. Und nun wird Marianne ständig von den Eltern unter Druck gesetzt. Das arme Mädchen. Manchmal frage ich mich, wie lange sie das noch aushält, bis sie sich in einen reinrassigen weißen Kommilitonen verliebt. Nicht nur der Ärger mit den Eltern bliebe ihr erspart, man würde sie auch nicht mehr »Kanaken-Hure« schimpfen, und sie käme ohne Schwierigkeiten in jede Disco.

Wir tauschen noch ein paar Neuigkeiten aus und sagen: Tschüs, bis die Tage. Denn ich bin mit Freunden verabredet, wir wollen ins Kino.

Der Film war gut, wir gehen anschließend in eine Kneipe. Auf dem Heimweg kommt mir ein Mann entgegen. Als er auf meiner Höhe ist und mich sehen kann, holt er aus und tritt gegen mein Fahrrad. »Scheißasylanten«, mault er und geht weiter. Ich rieche seine Fahne und sage mir, er ist besoffen. Das hatte nichts mit meiner Hautfarbe zu tun. Wäre ich weiß, hätte er statt Asylanten »Weiber« gesagt. Oder? Aber erschrocken habe ich mich trotzdem.

Es ist spät, ich bin müde. Ein ganz normaler Tag als nicht weiße Deutsche liegt hinter mir. Ich gehe schlafen. Und wie Scarlett sagen würde: Morgen ist auch noch ein Tag. Wenn er so harmlos wie dieser wird, hab' ich ja wieder Glück gehabt.

Christina Adomako ist freie Journalistin in Freiburg

Manfred Bissinger

■ Herr und Hund

Natürlich mögen wir Ausländer. Und wie. Wir vertrauen uns ihnen im Taxi an, wir lassen sie unsere Büros säubern, sie dürfen die Spaghetti kochen, das Fladenbrot backen und das Souvlaki schön kroß braten. Getreu dem lieb gewordenen Motto: Unseren täglichen Italiener, Türken, Griechen gib uns heute! Ja, es ist wahr: Wir haben sogar schon viele ihrer Sitten angenommen. Da ist es doch nicht zuviel verlangt, wenn auch wir wollen, daß sie sich unseren Gewohnheiten ein wenig fügen und unser Recht auf Heimat respektieren. Daß sie hier also nur Gäste bleiben, die sich nach angemessener Frist auch wieder zu verabschieden haben. Schließlich sind auch wir höflich, zuvorkommend und umgänglich, wenn wir durch ihre Länder reisen. Leben wollten wir dort sowieso nicht.

Satire? Nein. Wetten, daß große Teile der so gerne bemühten Mehrheit der Deutschen, die sich Umfrage für Umfrage als »ausländerfreundlich« bekennen, wetten, daß die so denken? Ist das Verhältnis Deutsche und Ausländer nicht so wie das des Herrn zu seinem Hund? Er bestimmt, wann und wo und wie welches Kunststück zu vollbringen ist. Klappt es, dann gibt es gute Worte und auch mal eine Wurst, klappt es nicht, dann muß eben der Stock gezückt werden. Oder noch anders gesagt: Wenn die lieben Ausländer damit zufrieden sind, unseren Alltag sinnlicher und farbenfroher zu gestalten, sind sie herzlich willkommen; wenn sie sich allerdings einmischen, gar aktiv ein gemeinsames Leben mitbestimmen wollen, dann gnade ihnen Gott.

Manfred Bissinger ist Chefredakteur von »Merian«

Sabine Bissinger

■ Das Selbstverständliche

Ich lebe mit Menschen ohne deutschen Paß zusammen wie mit Menschen ohne Führerschein. Ob gerne oder ungerne – die Frage stellt sich nicht, die Tatsache des Zusammenlebens ist selbstverständlich und bedurfte bisher keiner Feststellung.

Nun werden überall Toleranz und Solidarität gegenüber Ausländern – Asylanten – Flüchtlingen bekundet. Es müssen Zeichen gesetzt werden gegen Rassismus, Fremdenhaß und Gewalt.

Die moralische Grenze zwischen Selbstverständlichkeit und Verbrechen muß sichtbar gemacht werden.

Eine absurde Situation.

Hoyerswerda, Hünxe, Greifswald – der Umgang mit Steinewerfern, Messerstechern und Brandstiftern ist gesetzlich geregelt. Und vielfach hat der Staat in der Vergangenheit seine Potenz und Flexibilität unter Beweis gestellt, da war die Hundertschaft aus Bayern schnell in Brokdorf, und der hessische Polizist wußte die Baustelle in Wackersdorf bestens zu »schützen«.

Dieser Schutz steht den Armen der Welt nicht zur Verfügung, wenn sie dort ihr Glück versuchen, wo ihre Reichtümer schon lange hingewandert sind. Dort werden sie auf der Straße erschlagen, ihre Kinder werden in ihren Betten verbrannt – und der deutsche Steuerzahler rechnet am Stammtisch die Kosten ihrer Lebensmittel, ihrer Unterkunft im Container und ihres Wintermantels zusammen.

Das Selbstverständliche muß nicht nur festgestellt, es muß auch noch verteidigt werden. Eine beschämende Notwendigkeit.

Sabine Bissinger ist Lehrerin in Hamburg

Hark Bohm

■ Bündnis der Vernunft

Wenn viele Fremde auftauchen, Menschen, die völlig anders aussehen, die was wollen, dann kriege ich Angst. Das ist natürlich.

Wenn ich in einer Clique bin, dann denke ich, meine Clique ist die witzigste, klügste, stärkste von allen. Sonst wäre ich ja in einer anderen. Die Angst und Aggression gegenüber Fremden ist »natürlich«. Ebenso »natürlich« braucht eine Gruppe »Außenfeinde«, die sie runtermachen kann. Die »Natürliche« war solange überlebenswichtig, wie wir als Großwildjäger oder Bauern unser Land verteidigen mußten.

Im Computer-Zeitalter steckt diese »Natürliche« immer noch in uns! Der Verstand sagt mir zwar, daß mit der Entwicklung der Stammes-Gesellschaft zu einer Industrie-Gesellschaft die Fremden gar keine Bedrohung mehr sind, daß die Industrie-Gesellschaft viele Fremde (Gastarbeiter, Erfinder) braucht. Aber wenn ich mich schwach fühle, Angst um meinen Arbeitsplatz habe, unbedingt zu einer bestimmten Gruppe gehören will, reagiere ich »natürlich«. Ich reagiere wie im Steinzeitalter. Ich reagiere primitiv!

Mein Verstand sagt mir, die Fremden, die nach Deutschland kommen, lieben ihre Heimat erst mal genauso wie ich meine. Sie müssen also in einer grausamen Not sein, wenn sie mit ihren kleinen Kindern die geliebte Heimat für eine ungewisse Zukunft verlassen. Mein Verstand sagt mir, daß unser Wohlstand auch darauf beruht, daß Rohstoffe und Halbfertig-Produkte aus der Dritten Welt wegen lächerlich niedriger Löhne so billig zu uns kommen. Mein Verstand sagt mir, daß es die enorme Erkenntnis von Jesus Christus war, daß Menschen in einer zivilisatorischen Gesellschaft – ohne Stammes- und Familien-Bindung – immer auch Fremde sind. Und daß sie sich deswegen gerade als Fremde lieben und helfen müssen!

Aber meine »natürlichen«, meine »primitiven« Gefühle schlagen immer wieder meine »klugen« Gefühle in die Flucht. Die Fremden wollen mir was wegnehmen! Wir sind was Besseres! Teilen mit Fremden – bin ich denn blöd?

Für mich folgt daraus: Ich muß mich jeden Tag anstrengen, mein »zivilisiertes« Ich gegen meine »primitiven« Gefühle zu verteidigen. Ich muß immer wieder mit Menschen reden, um ein Bündnis der Vernunft gegen meine »primitiven« Gefühle zu schließen, am Arbeitsplatz, in der Nachbarschaft, in der Familie. Ich muß dem christlichen, dem zivilen Gebot folgen und im Bündnis der Vernunft die Fremden schützen. Auch für sie etwas opfern!

Ich muß vom Staat verlangen, daß er durch meine Steuergelder Körper und Würde der Fremden wirklich schützt und für sie Perspektiven entwickelt. Ich muß von den Politikern, vor allem aber von den global operierenden Konzernen, verlangen, daß die Ausbeutung der Dritten Welt gestoppt wird. Denn es ist bisher vor allem diese Ausbeutung, die die Menschen aus ihrer Heimat jagt und in meiner Heimat zu Fremden macht.

Hark Bohm lebt als Filmregisseur in Hamburg

Jutta Ditfurth

■ Deutschland zum Kotzen

»Die Abgeordneten der Stadtverordnetenversammlung bedauern zutiefst, daß unsere Stadt durch die Ereignisse der zurückliegenden Tage in negativer Weise in die Schlagzeilen und Sensationsberichterstattung der Medien geriet.« Die Verfasser sind »fest ... überzeugt«, daß die Mehrheit der Bürger die »bedauerlichen Vorfälle« ablehnt:

»Alle Fraktionen stehen hinter der Entscheidung, die ausländischen Bürger zunächst aus unserer Stadt in Sicherheit zu bringen« um »Ruhe sowie Sicherheit wieder herzustellen«. Die Verfasser dieser Erklärung vom 24. 9. 1991 sind die Rathausfraktionen CDU/DSU/SPD/PDS/FDP/Grüne/FDJ/DFD in Hoyerswerda. Wessen Ruhe? Friedhofsruhe?

In Hoyerswerda sind Menschen gedemütigt, geschlagen, mit Feuer und Steinen verletzt und schließlich unter dem abscheulichen Beifall vieler deutscher BürgerInnen verjagt worden. Einen Menschen aus Vietnam – schon voller Angst auf der Flucht im nächtlichen Bus sitzend – traf ein Stein, der die Fensterscheibe des Fahrzeugs durchschlug. Glassplitter zerschnitten sein Auge. Die Verfasser von DSU bis PDS »bedauern« die Schlagzeilen, ihren Nachbarn haben sie nicht geholfen. Keiner von ihnen hat sich im 5 Tage langen, ersten deutschen Nachkriegspogrom vor die verängstigten Menschen gestellt. Niemand. In der Erklärung der Stadtverordnetenfraktionen von Hoyerswerda findet sich kein einziges Wort der Kritik an den TäterInnen, nicht die geringste Andeutung der Auseinandersetzung mit den grölenden Jubeldeutschen. Das Papier aus Hoyerswerda ist ein widerliches, feiges, opportunistisches Papier. Die Verfasser dulden die Zerschlagung menschlicher Würde, die Verletzung psychischer und körperlicher Unversehrtheit von Flüchtlingen, sie zahlen damit einen hohen Preis – ja, für was?

Ach ja, die von Rassismus berstenden deutschnationalen KleinbürgerInnen haben soziale Probleme: die Wohnungsnot und die Mieten und die Arbeitslosigkeit. CDU-Perschau (Sachsenimport aus Hamburg) hat auch viel Verständnis: es gäbe da ein Problem mit den »Freizeitangeboten« für Skinheads. Die lassen gewiß von Brandanschlägen ab, wenn sie Tischtennis spielen können. Stolpe (SPD-Ministerpräsident in Brandenburg) schwafelt viel von Menschlichkeit und fordert »Einfühlsamkeit«: die Bundesregierung solle keine Roma-Flüchtlinge mehr zuweisen. So gibt einer ein ganzes Volk zur Jagd frei, so schallt das Signal: die könnt Ihr jagen, die gefallen uns auch nicht. Widerspricht doch das soziale Verhalten der Roma dem kleinkarierten Ordnungssinn manch eines deutschen Bürgers. Der kehrt die Straße samstags fein säuberlich bis zu Nachbars Grundstücksgrenze, verprügelt seine Frau und mißbraucht sein Kind nur hinter verschlossener Tür.

Alle haben so unendlich viel Einfühlungsvermögen – mit den Tätern. Ich habe dieses sozialarbeiterische Gefasel satt. Natürlich machen soziale Probleme die Menschen dumpf. Aber wer vernichtet denn Arbeitsplätze? Wer wuchert mit Mieten? Die Schuldigen haben erfolgreich abgelenkt. Hohe Mieten *rechtfertigen* keinen Mord. Wer soziales Elend als Entschuldigung gelten läßt, ist bei jedem Überfall verantwortlich dabei. Zu sagen »Ihr müßt doch verstehen, daß...« beleidigt alle Menschen, die in den Slums des Trikont ihre Nachbarn *nicht* verbrennen. Zu sagen, Faschismus und Rassismus sei ein Ding der Armen, entlastet die White-Collar-RassistInnen in der Politik, dem Kapital und in der Kirche. Ihr Rassismus scheint häufig subtil, differenziert, verkleidet. Und doch haben sie unendlich mehr Einfluß auf die Situation von Flüchtlingen als jeder Skinhead. Sie sind schuld an den Ursachen von Flucht und Migration. Seit 500 Jahren, seit der Eroberung Amerikas, plündern und vernichten die Täter aus den kapitalistischen Zentren den größeren Teil der Erde, zerstören mit Waffen, Technologien, Ideologien (allen voran der christlichen) und Waren die Kulturen und die Perspektiven von Milliarden Menschen.

Rassismus wird gebraucht, wenn ein Deutsch-Land Großmacht werden will. Der nationale Schulterschluß für den Kampf um mehr Profit und Herrschaft klebt besser mit Haß. Dann hat auch der ärmste Deutsche noch einen unter sich, auf den er treten kann. Gespaltene Betroffene sind beherrschbare Betroffene. Damit nur keiner merkt, daß die Grenze zwischen oben und unten, aber nicht zwischen den Völkern verläuft. ›Bleiberecht ist Menschenrecht – Deutschland nicht den Deutschen‹ und ›Offene Grenzen für alle‹ sind meine Lieblingsparolen auf antirassistischen Demos, manchmal der einzige Ort, an dem dieses Land noch zu ertragen ist.

Antirassistische Politik macht auch die Auseinandersetzung zwischen Linken notwendig. Was bitte ist eine »deutsche« Linke? Wer eine nationalstaatliche Identität braucht, ist in einem erbärmlichen Zustand. Was ist »deutsch« außer ein Paß-Wort? Menschen und Landschaften kann ich lieben, niemals Staaten. Eine internationalistische Linke hat mit den deutschnationalen Dichtern des vergangenen Jahrhunderts weniger zu tun als mit Pablo Neruda oder unbekannten afrikanischen DichterInnen. Ihr fühlt Euch schon äußerst großmütig, wenn Ihr sagt, alle ›Rassen‹ seien zwar verschieden, aber doch gleichwertig. Sind Menschen wie Pudel oder Schäferhunde zu unterscheiden? Rasse ist kein wertfreier, wissenschaftlicher Begriff, sondern biologistisch und rassistisch. Menschen unterscheiden sich nach Geschlecht, sozialen Klassen und ethnischer Herkunft. Das ist

Unterscheidung und schafft Probleme genug. Am schlimmsten, sagte mir ein schwarzer Freund, sind die antirassistischen RassistInnen. Sie streicheln uns über den Kopf und rasten aus, wenn ihre Tochter einen schwarzen Freund hat.

In Hamburg sprangen die Grünen aus einem von der Alternativen Liste initiierten Bündnis für eine antirassistische Demonstration zum 3. 10. 1991. Ihnen mißfiel die Forderung »Bleiberecht ist Menschenrecht«. Auf der angeblichen »Sektiererdemo«, an der sich neben der AL auch Flüchtlingsinitiativen, Autonome und PDS beteiligten, versammelten sich 7000 bis 10 000 Menschen. Auf der Gegenkundgebung eines »breiten Bündnisses« von Grünen über die Patriotische Gesellschaft bis zur FDP (!) trafen sich rund 200 Leute. Opportunismus macht dumm und einsam. – In Hessen kämpft der grüne Realo und Multikultidezernent Daniel Cohn-Bendit, der die Nützlichkeit von AsylbewerberInnen für Jobs, die kein/e Deutsche/r machen will lobt, Seit an Seit mit CDU/CSU sogar für die Veränderung des Asylrechtparagraphs 16 im Grundgesetz und wettert gegen das Bleiberecht und für EinwanderInnenkontingente (inzwischen grüner Bundesbeschluß). Cohn-Bendit heizt die Debatte an, wie auch die SPD, die mit der angeblich so harmlosen Verkürzung des Asylverfahrens (was die *offene* Aushebelung des § 16 vermeiden hilft) die wenigen Rechte von Flüchtlingen massiv aushebeln hilft. Alle handeln nach dem Motto: Fremdenhaß ist am besten dadurch zu beseitigen, daß die Fremden gar nicht erst ins Land kommen, außer sie sind Banker, Showstars oder Fußballer.

Was also ist zu tun? Sparen wir uns jede wohlklingende Resolution, jedes analytisch präzise Flugblatt, solange wir nicht *zugleich* bereit sind einzugreifen, wenn in der U-Bahn ein Mensch aufgrund der Hautfarbe beleidigt und angegriffen wird. Lassen wir die öffentlichen Räume nicht den NeofaschistInnen und auch nicht den Lauen. Klären wir auf, machen wir Aktionen, helfen wir eine Widerstandskultur zu bauen, die auch uns trägt. Greifen wir die dumpfen, haßerfüllten sozialen Milieus an – mit unserem Zorn, unserer Solidarität, unserer politischen Auseinandersetzungsbereitschaft. Helfen wir lebendige, aktionsreiche, soziale Milieus zu schaffen, in denen die ›soziale Vision‹ die Hautfarben nicht trennt, ›internationale Solidarität‹ nichts mit multikulturellen Speisekarten und Ethnokonsum zu tun hat und in denen das ›Wir-Gefühl‹ nicht auf Kosten der Unterdrückten, sondern der Ausbeuter geht.

Jutta Dithfurth lebt als Journalistin in Frankfurt

Marion Gräfin Dönhoff

■ Zorn über die Schurken

Zorn steigt auf, wenn man im Fernsehen die Bilder zerstörter Asylantenheime sieht. Zorn über diese Schurken, die, wie einst die KZ-Wächter, hilflose, verängstigte Menschen peinigen und sie durch Brandstiftung ihrer einzigen Habe berauben. Es sind wirklich Verbrecher, bar jeden menschlichen Gefühls. Offensichtlich ist es ihnen gleichgültig, daß Kinder, die aus der Hölle des Bürgerkriegs im Libanon entkommen sind, nun schrecklich verletzt in einem deutschen Krankenhaus liegen, oder daß Tote auf das Konto ihrer ruchlosen Schreckensherrschaft gehen.

Fast ebenso beschämend aber ist das Publikum, das in Hoyerswerda beifallklatschend zusah und dadurch die Barbaren auch noch anfachte und ihnen das Gefühl gab, sie seien Helden. Nicht, daß diese durch Argumente überzeugt werden könnten, aber Empörung, Protest, Zornesausbrüche anstelle von Applaus würden vielleicht doch zum Nachdenken Anlaß geben.

Wir alle müßten viel stärker, viel kontinuierlicher protestieren. Wir sollten es uns nicht gefallen lassen, daß das Ansehen unseres Landes, das in 40 Jahren aufgebaut wurde, von Gruppen zusammengelaufener Rowdys zunichte gemacht wird.

Marion Gräfin Dönhoff ist Herausgeberin der »Zeit« in Hamburg

Freimut Duve

■ Die neue Klammheimlichkeit

Der Chef der Treuhand wurde aus dem Dunkeln ermordet, als er im hellen Fenster seines Hauses von außen zu sehen war. Es war abends, die Schüsse waren gezielt. Ein feiger Mord aus dem Dunkeln. Im Entsetzen über die Heimtücke und in der Trauer um das Opfer, im Mitgefühl mit den Angehörigen wäre jedoch niemandem eingefallen, als Antwort auf Rohwedders Ermordung von einer Reform der Treuhand zu reden. Kein Gedanke daran, in irgendeiner Form den Tätern nachträglich zuzubilligen, daß sie vielleicht irgendeinen aberwitzigen subjektiven Grund hatten, ihr Opfer zu hassen. Ein solcher Gedanke verbietet sich nicht allein aus Scham und Anstand, sondern auch aus Demokratie-Räson. Unsere Grundphilosophie lautet: Niemand darf irgendein Ziel mit Gewalt zu erreichen versuchen. Für fast jedes Ziel muß es streitbare öffentliche Auseinandersetzung geben. Auch von diesem gewaltfreien Streit ausgenommen bleiben die Grundrechte der Verfassung. Sie stehen nicht zur Disposition.

Die terroristische Gewalt gegen Schlafräume, in denen sich nichtdeutsche Familien aufhalten, die offene Gewalt in Bahnen und Bussen gegen »ausländisch« aussehende Mitreisende und deren spontane Schützer ist in den letzten Wochen vor allem im deutschen Bundestag und in unzähligen Kommentaren behandelt worden. Und dies in einem geradezu verfassungsfeindlichen Kontext: Die terroristische Gewalt ist vom Innenminister zwar entschieden verurteilt worden, aber immer im Zusammenhang mit der Diskussion über das Asylrecht und einer Änderung der Verfassung.

Weit mehr sagte er über die vielen Asylbewerber als über die Gewalttäter und ihre klammheimlichen oder strammöffentlichen Brandstifter. Im Bundestag ist mehr über die Angst der Deutschen vor Asylsuchenden als über die Angst vieler Ausländer vor Mordanschlägen gesprochen worden. Der Staat hat also eilfertig den mordbereiten Tätern das Signal zukommen lassen (ob bewußt oder fahrlässig, ist leider zweitrangig): Wir haben euren Haß verstanden, wir treten in die Verfassungsdebatte ein. Der Innenminister des deutschen Verfassungsstaates scheint die Gefahr nicht zu sehen. Die gefährliche Wirkung auf die Demokratie, die sein Verhalten auslöst, könnte weit über die Gefährdung der bedrohten Menschen hinausgehen.

Pogrome beginnen im Kopf, hat mein Kollege Hirsch im Bundestag gesagt. Die Gewaltakte mißbilligend in Kauf genommen haben Tausende, die wegschauen. Das wurde ihnen leicht gemacht, weil auch die Bundesregierung intensiver über das Problem, das die Opfer darstellten, sprach als über den Skandal der Täter. Da ist die Substanz des demokratischen Rechtsbewußtseins beschädigt worden.

Ein Brandanschlag etwa auf den Schlafraum eines Gefängnisses mit lebenslänglich Verurteilten durch die Opfer der Verurteilten wäre ein Mordversuch. Niemand würde aus einem solchen (hier fiktiv eingeführten) Gewaltakt eine Diskussion über die Zahl der in deutschen Gefängnissen Inhaftierten ableiten. Mordanschläge sind Mordanschläge: auf Deutsche, auf Ausländer, auf Verurteilte, auf Leute, die man mag, und auf Leute, die man grauenvoll findet. Punktum.

Es ist dringend an der Zeit, daß wir alle wieder zu Sinnen kommen. Die wie eine Antwort auf die Gewalt geführte Diskussion um das deutsche Asylrecht nimmt keinem der fünf Millionen Nichtdeutschen bei uns die Angst. Selbst wenn es dem wahrlich weder »durchraßten« noch »durchmischten« Innenminister Stoiber gelänge, Deutschland mit Mauer und Stacheldraht hermetisch gegen Einwanderer abzusperren, würde dadurch nicht ein einziges potentielles Opfer vor der grassierenden Gewalt geschützt.

Potentielle Opfer dieses neuen Terrors sind beileibe nicht nur Asylbewerber, sondern alle ungeschützten »ausländisch« aussehenden Menschen in unserem Land. Potentielle Opfer sind inzwischen auch die vielen Deutschen, die sich schützend vor Asylbewerber oder vor Angegriffene in Bussen und Bahnen stellen.

Da liegt die zweite dramatische Folge der falschen Verquickung von Gewalt und Asylrecht: Plötzlich fangen andere an, sich mit Gewaltmitteln gegen mögliche Angriffe zu schützen. Solche Gewalt ist wie das Feuer der Brandsätze: sie lodert weiter. Nein, die Polizei kann nicht alle Bedrohten schützen. Das konnte sie auch nicht in den siebziger Jahren vor der RAF, trotz des gigantischen Aufgebots, das damals nötig schien und möglich war. Wir wollen keinen Polizeistaat, weder damals noch heute. Aber den Einsatz der staatlichen Mittel gegen die bekannten Täter und Gruppen, die Beobachtung der klammheimlichen und strammöffentlichen rechtsextremen Szene, die deutliche Information über alle die Organisationen, die diesem Terror Vorschub leisten oder ihn gar begrüßen. Aber was die Polizei nicht leisten kann, das müssen wir Bürger alle gemeinsam schaffen: eine Schutzkultur um die Bedrohten und die sich bedroht Fühlenden.

Es geht nicht darum, die Welt in gute und schlechte Menschen einzuteilen. Nach dem Motto: Alle Deutschen sind schlecht und alle Nichtdeutschen gut (oder umgekehrt oder wie auch immer). Das tun Rassisten jedweder Couleur. Es geht um die radikale Ächtung terroristischer Gewaltanwender; um das Erkennen der bewußten oder unbewußten Biedermännerei. Und es geht auch darum, eine perfide Strategie öffentlich zu machen, die bewußt Gewaltakte in die Asyldebatte hineintreibt. Da hoffen Leute auf Wähler, die Schindluder treiben mit dem Geist der Verfassung.

Wir sind im Kern des ältesten Kulturproblems: der Fremden. Da werden mit Statistik und Einzelgeschichten Kollektivängste gegen vermeintliche Kollektive geschürt, die gar keine sind. Das Kollektiv der »Ausländer« gibt es nur in unserem inländischen Kopf. Das Kollektiv der Flüchtlinge gibt es nur in den Köpfen und in den Akten. Was hat eine Bahai-Familie mit einem kroatischen Ehepaar, das der Zerstörung seines Dorfes entfloh, zu tun? Kommen wir um Himmels willen zurück von den abstrakten Begriffen zu den wirklichen Menschen, die bei uns und hoffentlich mit uns leben.

Beim Hufeschlagen der apokalyptischen Gäule hört alle Politik auf. Wenn erleuchtete Zukunftsdeuter immer wieder den schauderhaft richtigen Satz formulieren: »In Deutschland können schließlich nicht alle Menschen der armen Welt Platz haben«, dann läuten die Todesglocken für jegliche rationale Politik. Der Satz ist richtig und radikal unsinnig.

Wenn die neue Zunft der Lawinenforscher uns geheimnisvoll auf die Welt-Menschenlawine aufmerksam macht, oder Nautikexperten uns immer wieder auf die Grenzen der Frachttonnage von Booten hinweisen, dann wird Angst erzeugt, Zorn und Haß. Solche Endzeitrhetorik lockert den humanen Konsens unserer Demokratie. Wir alle müssen runter vom hohen apokalyptischen Roß.

Die große Mehrheit der Deutschen lehnt die Mordtaten und die terroristischen Gewalttäter ab. Zugleich fühlt die Mehrheit der Deutschen eine neue Fremdheit im eigenen Land, die viele Ursachen hat. Eine davon ist der schwierige Prozeß, zu akzeptieren, daß wir faktisch Einwanderungsland geworden sind. Daß die »Gastarbeiter« keine Kurzfristbesucher mit begrenztem Landgang waren, sondern in der zweiten Generation hier leben.

Über all das können wir reden. Nicht jedoch reden können wir über die klammheimliche Biedermännerei, die eine Verfassungsdebatte auf Brand und Mord stützen möchte.

Freimut Duve ist Mitglied im Auswärtigen Ausschuß des Bundestages und SPD-MdB

Emanuel Eckardt

■ Danksagung aus gegebenem Anlaß

Ich versetze mich in die Lage der Menschen, die hier leben. Ich wünsche die Ausländer zum Teufel. Ich wünschte, sie wären alle da geblieben, wo sie herkommen. Ich möchte sie mit dem Dreck bewerfen, den sie hier überall liegen lassen. Ich verfluche sie, wenn ich ihretwegen nachts keinen Schlaf finde, weil diese Ausländer grölen, als hätten sie wieder mal eine Wiedervereinigung zu feiern oder eine

Fußballweltmeisterschaft. Am Tag benehmen sie sich, als wären sie bei sich zu Hause. Sie schlagen ihre Kinder, lassen die Bierdosen im Sand liegen und haben schon mittags glasige Augen. Ich kann sie nicht ausstehen, diese Ausländer, die ihr Fleisch zeigen, und ihr Geld, die mit nacktem Arsch im Restaurant sitzen und die Kellner tanzen lassen. Die Ausländer, die diesen kleinen Fischerort prägen mit ihrer Gier nach Talmi und Rambazamba. Ich hasse ihre protzigen Villen, die sie diesem Land aufgezwungen haben, ihre Arroganz gegenüber denen, die nicht ihre Sprache sprechen, ihre Herablassung, wenn etwas nicht so klappt, wie sie es von zu Hause gewohnt sind. Ich mag sie nicht, weil ich zu ihnen gehöre, weil ich mich nicht von ihnen lossagen kann. Wenn mein Urlaub in Portugal zu Ende ist, fliegen wir gemeinsam nach Hause. Wir Deutschen.

Ich möchte den Portugiesen für ihre Freundlichkeit danken. Für die Brandsätze, die sie nicht in unsere Schlafzimmer werfen, wenn wir bei ihnen zu Gast sind, für die Ausländer-raus-Parolen, die sie nicht an ihre Mauern schreiben, für die freundlichen Worte, mit denen sie uns begegnen, obwohl wir zu bequem sind, ihre Sprache zu lernen. Und dieser Dank gilt auch den Spaniern und den Italienern, den Griechen und den Türken. Und weil wir überall schon gewesen sind, wir Deutschen, richte ich ihn an den Rest der Welt.

Emanuel Eckardt ist Reporter in Hamburg

Frank Elstner

■ Sie schlagen auf die Falschen ein

Seit 26 Jahren lebe ich als Ausländer in Luxemburg. Seit 26 Jahren gibt man mir hier Heimat und Wärme. Seit 10 Jahren erledigt Maria aus Portugal als unersetzliche Fee die berühmten Handgriffe, die man nicht gerne selber macht. In meiner Reinigung drückte mir vor zwei Jahren die Türkin Azur einen Umschlag mit 7000 Mark in die Hand, den ich in meinem Anzug vergessen hatte. Mein schönstes Abendessen kochten mir meine israelischen Freunde Ruth und David.

Und wenn ich mal beruflich die Nase voll habe, verstecke ich mich bei Toni und Miguel auf Mallorca. Mein Telefon reparierte gerade Ali aus Kenia, und meine Aktentasche, die ich beim Lunch im Sheraton vergaß, hole ich mir jetzt bei der Holländerin Janna ab. Meine Kinder sprechen fünf Sprachen, studieren in drei Ländern, und gemeinsam schütteln wir den Kopf, wenn wir sehen, wie verblendete Fahnenschwinger argumentationslos mit den Fäusten trommeln und auf die Falschen einschlagen.

Jedem dieser Einweg-Denker wünsche ich eigentlich die Pest an den Hals. Aber da ich unerschütterlicher Optimist bin, wünsche ich denen mit Ausländern die Fülle guter Erlebnisse, die mir beschieden sind.

Frank Elstner ist Showmaster und Fernsehproduzent

Ursula Engelen-Kefer

■ Schweigen ermutigt die Täter

»Ausländer raus« – diese Parole ist seit Jahren an Häuserwänden immer wieder aufgetaucht. Wie schnell sprachliche Gewalt in körperliche Brutalität und Terror umschlagen kann, haben wir in den vergangenen Monaten erlebt. Menschen anderer Nationalität und Hautfarbe, die aus Not und Furcht um ihr Leben zu uns geflüchtet sind, leben in Angst und Schrecken.

Die Täter fühlen sich teils durch offene Zustimmung, aber auch durch das Schweigen der Bevölkerung ermutigt. Ausländische Mitbürgerinnen und Mitbürger werden für die Folgen politischen Versagens, wie Wohnungsnot und Arbeitsplatzmangel, verantwortlich gemacht. Die Ursachen dieser Probleme müssen beseitigt und die unsägliche Debatte um das Grundrecht auf Asyl muß beendet werden.

Kein Problem wird dadurch gelöst werden, daß das im Grundgesetz verankerte Asylrecht angetastet wird. Statt dessen ist mehr Aufklärung und Information über Menschen anderer Länder, Kulturen und Religionen notwendig. Die Fluchtursachen in den Herkunftsländern müssen wirksam bekämpft werden, in der sogenannten Dritten Welt ebenso wie in Ost- und Südosteuropa. Nur wenn alle gesellschaftlichen Kräfte sich in einem Bündnis der Vernunft zusammenfinden, können Ausländerhaß und Rassismus wirksam bekämpft werden.

Ursula Engelen-Kefer ist stellvertretende Vorsitzende des DGB

Eberhard Fechner

■ Ein künstlicher Feind

Der Rassismus ist ein künstlich aufgebauter Feind, in den ein Teil unserer Bevölkerung die eigenen Fehler und Minderwertigkeitskomplexe projiziert. Das ist leider in Deutschland nichts Neues. Es begann beim Erbfeind Frankreich, dann folgte der Antisemitismus, dem Millionen Juden zum Opfer fielen. In den letzten 45 Jahren war es der Kommunismus, der als Buhmann für alle Schrecknisse dieser Erde herhalten mußte. Nachdem er sich jetzt in nichts aufgelöst hat, haben die Unbelehrbaren in unserem Land einen neuen »Feind« gefunden – und das sind ausgerechnet die wehrlosesten unter unseren Mitbürgern: Die Asylbewerber.

Daß Menschen schon wieder so weit sind, Kinder anzuzünden und andere ausländische Gäste zu ermorden, ist für mich der Beweis dafür, daß zu viele Deutsche nichts dazugelernt haben. Auch wenn es Gott sei Dank nur eine Minderheit ist – es ist eine, die Schrecken verbreitet. Auch diese Deutschen sollten wissen, daß wir den ausländischen Mitbürgern zu Dank verpflichtet sind. Sie haben mitgeholfen, die Bundesrepublik wirtschaftlich zu dem zu machen, was sie ist. Jeder Politiker, jeder Wirtschaftler kann bestätigen, daß die Bundesrepublik ökonomisch zusammenbrechen würde, wenn uns alle Ausländer auf einen Schlag verließen.

Sicher, das Problem der Asylbewerber ist etwas anders gelagert. Aber wir haben unter den Nationalsozialisten so viele Menschen vertrieben, daß es unsere verdammte Pflicht ist, Menschen, die in Not zu uns kommen, Hilfe und Schutz zu gewähren. Ich erwarte nicht nur von den Politikern, sondern von uns allen, daß wir Wege finden, diese Menschen zu schützen.

Eberhard Fechner ist Regisseur und Autor in Hamburg

Jürgen Flimm

■ Was wären wir ohne sie!

Georgina Agyei-Mensah, Edward Albee, Alan Ayckbourn, Isaak Babel, Alberte Barsacq, Samuel Beckett, Jacques Brel, William Burroughs, Carlos Caretto, Sona Cervena, Daniil Charms, Greg Cohen, Peter Danzeisen, Heikko Deutschmann, Jeko Petroff Diakoff, Charles Dickens, István Eörsi, Agnes Fink, Maria Garcia-Bello, Herb

Gardner, Audrey-Mae Goetz, Carlo Goldoni, Niklaus Heibling, Lillian Hellman, Dominique Horwitz, Henrik Ibsen, Guy Joosten, Li Jiang-ming, Franz Kafka, Bernard-Marie Koltès, Maria Koval, Stefan Kurt, Annemarie Kuster, Fritz Lichtenhahn, Helmut Lohner, Ken Ludwig, Esther-Amma Mahlen, David Mamet, Jean-Baptiste Molière, Nadeshda Müller, Alfred de Musset, Sean O'Casey, John Osborne, Frida Parmeggiani, Manuel Perez-Rodriguez, Wieslaw Rolinski, Bettina Ponto-Oesten; Sanja Posuda, Oscar Ortega Sánchez, André Saunier, Michael Schönborn, Charlotte Schwab, William Shakespeare, Oana Solomonescu, Sophokles, Ewa Starowieska, Ulli Stepan, August Strindberg, George Tabori, Peter Terson, Ezio Toffolutti, Anton Tschechow, Aleksandr Vvedenskij, Tom Waits, Marina Wandruszka, Tennessee Williams, Robert Wilson, Erich Wonder, Gao Xingjian, Lin Zhaohua.

Wenn wir die nicht hätten!

Jürgen Flimm ist Intendant des Hamburger Thalia Theaters

Barbara Franck

■ Was haben wir gewußt?

Ich bin keine Ausländerin, aber ich kriege Angst, wenn ich im Bus mitanhöre, wie sich zwei Omas über »Asylanten und all dieses Gesocks« erregen und seinen Abtransport aus Deutschland fordern. Wenn inzwischen sogar ein ungarischer Freund, der seit dreißig Jahren hier lebt, am Postschalter durch seinen Akzent als Ausländer erkannt und vom Nebenmann angepöbelt wird. Wenn ich in der Zeitung jeden Tag aufs neue lese, daß in der Nacht wieder Geschäfte oder Unterkünfte von Ausländern samt den Bewohnern in Brand gesetzt worden sind, und dann mitkriege, daß neben Entsetzen auch klammheimliche Freude darüber geäußert wird. Wenn politische Gruppierungen von der CDU bis zu den Autonomen die Asyldebatte zu Wahlkampfzwecken und Aktionen in eigener Sache mißbrauchen, aus Menschen in Not also ein Mittel zum Zweck machen. Wenn ein »Spiegel«-Artikel auf perfide Art mit der Angst vor Kriminalität die Angst vor Ausländern schürt und ein »Spiegel«-Titel verkündet, das Boot sei voll – wo doch jedem denkenden Menschen klar ist, daß es noch viel voller werden wird, daß wir lernen müssen, damit umzugehen und unseren Wohlstand zu teilen. Wenn ich merke, wie vielen es immer noch gelingt, vor all dem, was da in

Deutschland passiert, die Augen zu verschließen. Ich lebe in St. Georg, Hamburgs Viertel mit dem größten Ausländer-Anteil – und wieviel langweiliger wäre es hier, wenn sich an einem Sommer-Sonntagmorgen nicht von irgendwoher arabische Musik unter das Glockenläuten der katholischen Kirche mischte. Wenn zum Straßenbild nicht Frauen mit Kopftuch oder im Sari und Männer mit Turban oder in afrikanischer Tracht gehörten – ein Spaziergang über die Lange Reihe kann Fernweh stillen. Wieviel ärmer und unpraktischer wäre mein Leben ohne die argentinische Änderungsschneiderin, den türkischen Gemüseladen, die indischen, jugoslawischen und griechischen Geschäfte oder Restaurants und die Menschen, die in ihnen arbeiten. Ich bin eine Deutsche und kriege die Wut, wenn ich mitbekomme oder mir vorstelle, wie sie sich fühlen angesichts des wachsenden Rassismus, und ich habe Angst, daß die Frage an unsere Eltern »Wie konnte es damals bloß so weit kommen?« gerade beantwortet wird: Genauso wie jetzt.

Barbara Franck ist Journalistin in Hamburg

Madeleine Göhring

■ Gewalt wird das Problem nicht lösen

Ausländerfeindlichkeit greift um sich. Es ist erschreckend, wie radikal gerade viele junge Leute reagieren. Die Toleranz gegenüber den Menschen, die oft aus Verfolgung, Elend und großer Not zu uns kommen, um hier in Sicherheit zu leben, sinkt. Aber auch die Politik hat Fehler gemacht. In Hamburg werden abgelehnte Asylbewerber nur selten abgeschoben. Hamburg nimmt mehr Asylbewerber auf, als die Stadt verkraften kann. Die Unterbringung und angemessene Versorgung ist nicht gewährleistet. So werden viele Stadtteile überfordert. Ein hoher Ausländeranteil und verschärfte soziale Probleme führen zu Aggressionen. Doch Gewalt wird auch dieses Problem nicht lösen. Die Welt ist komplizierter, als es uns die rechtsradikalen Gruppierungen vorgaukeln. Die Länder unserer Welt sind enger zusammengerückt. Unser Leben ist nicht mehr zu trennen von dem anderer Nationen. Gerade junge Leute nehmen die positiven Seiten dieser Entwicklung gerne in Anspruch: Reisen, andere Kulturen kennenlernen und wirtschaftliche Erzeugnisse anderer Länder nutzen – dies alles tun wir heute schon ganz selbstverständlich. Doch die Probleme, die dieser Fortschritt mit sich bringt, werden gern verdrängt. Wer meint, mit Brandanschlägen und Gewalt die Entwicklung zurückdrehen zu können, irrt. Die Politik ist aufgefordert, den Asylmißbrauch zu stoppen.

Madeleine Göhring ist CDU-Mitglied der Hamburgischen Bürgerschaft

Johannes Gross

■ Etikettenschwindel

Schon die Wörter sind falsch, die uns täglich um die Ohren und ins Gesicht geschlagen werden. Ausländerfeindlichkeit, Asylanten und Asylantenhaß – gibt es das überhaupt? Sind die Deutschen, wie diese Vokabeln behaupten, Fremdenhasser geworden? Eben nicht. Die sprachlich gestützte Unterstellung paßt nur denen gut ins Konzept, die seit Jahrzehnten von der Bewirtschaftung deutscher Schuld und deutschen Schuldgefühls leben. Das sind die Politiker, die sich aufs Moralpredigen verstehen, wenn auch auf sonst nicht viel, und die Medien, die nicht analysieren, sondern nur richten gelernt haben.

Die aktuelle Verwendung der Wörter Ausländer und Ausländerfeindlichkeit umgreift generalisierend alles, was nicht deutsch ist, also Engländer, Franzosen, Amerikaner und all die anderen mit, denen immer schon überwiegend deutsche Zuneigung und Bewunderung, doch keinesfalls Feindseligkeit, gegolten hat. Aber es gibt auch keine Feindseligkeit unterschiedsloser Art gegen Ausländer aus dem Orient, aus Afrika oder Arabien. Chinesische Köche fallen so wenig darunter wie arabische Prinzen, afrikanische Musiker so wenig wie persische Ärzte oder japanische Kaufleute. Auch die vielen hunderttausend Gastarbeiter sind nicht Gegenstand des Hasses der auf deutscher Seite finanziell und geistig Benachteiligten (denn nur diese treten als Träger des »Ausländerhasses« bösartig und gewaltätig auf).

Geht es aber um Asylanten? Nein, auch hier der falsche Begriff. Das Asylrecht ist seit der Antike allen zivilisierten Gemeinschaften heilig und all jenen zugedacht, die von einem Machthaber verfolgt werden, obgleich sie nichts verbrochen haben, sondern nur, weil ihre religiösen oder politischen Auffassungen ihm nicht passen oder sie einer Volksgruppe angehören, die ausgestoßen, ausgemerzt werden soll. Dieses echte Asylrecht ist im demokratischen Deutschland nie im Zweifel, nie in Gefahr gewesen. Weder Lew Kopelew noch Ota Sik noch irgendein anderer von den Kommunisten verfolgter

Intellektueller hat je »Asylantenhaß« zu spüren bekommen. Die armen und hilfsbedürftigen Menschen, die im immer stärker werdenden Strom sich hoffnungsfroh nach Deutschland wenden, sind so gut wie nie Asylanten; fast alle dieser »Asylanten« sind durch Umstände verfolgt, die sie mit der Mehrheit der Daheimgebliebenen teilen, aber nicht wegen irgendwelcher Eigenschaften oder Überzeugungen von einem auswärtigen Machthaber zur Verfolgung ausgewählt.

Was sind die falsch benannten Ausländer und Asylanten in Wahrheit? Es sind Einwanderer, Einwanderungswillige. Franzosen und Engländer, die das gleiche Problem haben wie wir, aber nicht die gleiche Leidenschaft für die nationale Selbstanklage, sprechen richtig von immigrés oder immigrants und würden Politiker davonjagen, die das ganze Volk wegen der Ausschreitungen gegen Einwanderungssuchende der »Ausländerfeindlichkeit« bezichtigten. Die politische Grundlüge, auf die wir uns dank der falschen Etikettierung eingelassen haben, hat zur Folge, daß wir das Problem nicht mehr rational bewältigen können, weil als moralisch nur noch die Zulassung, die Abweisung aber als unmoralisch gilt. Die Gewalttätigkeit deutschen Gesindels gegen die Einwanderungssuchenden beruht nicht auf Asylantenhaß, denn sie wissen nichts davon, was Asyl bedeutet (würden auch nie eins in Anspruch nehmen müssen, weil kein Machthaber auf Erden sie je wegen etwas anderem als schlicht krimineller Akte verfolgen würde), – sie prügeln und brandschatzen, gedeckt von einer dumpfen Gesinnung der hier schlecht Weggekommenen, die weitere seelische oder materielle Einbußen befürchten: Wer nie Herr war im Haus, will wenigstens den anderen die Tür weisen.

Johannes Gross ist Herausgeber von »Capital« in Köln

Peter Härtling

■ Brief an eine Fremde

Liebe Aila,

Du hast mit Deiner Klasse mein Buch »Ben liebt Anna« gelesen, doch Du fragst mich »extra« – nicht in dem Brief, den Ihr mir gemeinsam geschrieben habt –, wie ich darauf kam, daß Anna aus Polen stammt, erst Deutsch lernen muß und es erst einmal nicht leicht mit den Kindern in der Klasse hat. »Sie haben das Buch doch schon vor zehn Jahren geschrieben«, meinst Du. Es ist beinahe so alt wie Du und wahrscheinlich nimmst Du an, daß es damals »das Ausländerproblem« noch nicht gab. Das gab es immer, liebe Aila. Nur kommt es jetzt eben zur Sprache, wird laut und bedrängt uns. Aber ehe ich Dir und mir das zu erklären versuche, will ich Dir in aller Kürze erzählen, weshalb ich Anna aus Polen kommen ließ, damals, als es noch kaum Um- oder Aussiedler gab.

Ich las in Berlin in einer Schule. Danach saß ich mit ein paar Kindern zusammen, plauderte, hörte zu. Ein Mädchen hielt sich auffallend zurück und redete erst, nachdem die meisten sich verkrümelt hatten. Es sprach mühsam deutsch, mußte nach Wörtern suchen, aber Traurigkeit und Zorn halfen ihr. Viele Kinder in der Klasse seien gemein zu ihr. Nicht offen, heimlich. Sie schnitten sie, sie verspotteten sie, sie hielten sie für dreckig und dumm. Nicht alle, fügte sie hinzu. Ich hab auch eine Freundin. Es fiel mir schwer, dem Mädchen zu raten, es zu trösten. Dann jedoch erinnerte ich mich an meine Kindheit, an meine Fremde. Ich fing an zu erzählen, auch um über meine Scham hinwegzukommen. Ich bin auch als Flüchtling in dieses Land gekommen, sagte ich, das war 1945. Niemand glaubte uns, daß wir mal etwas besessen, mal eine Heimat hatten, obwohl wir sogar Deutsche waren – wir kamen eben aus anderen Ländern, waren Fremde, Flüchtlinge. Einmal wurde ich von einem Hund angefallen, der von seinem »Herrn« auf Flüchtlinge abgerichtet war. Ich habe das nie vergessen. Und darum kann ich auch nicht begreifen, wenn Menschen verfolgt, abgewiesen, verachtet werden, weil sie »fremd« sind. Ich bin es auch, ich werde es mein Leben lang bleiben.

Das, liebe Aila, habe ich ungefähr gesagt, als ich das Mädchen in Berlin, das zum Vorbild für meine Anna wurde, ein bißchen hilflos trösten wollte. Nun komme ich zu unserer Gegenwart. Mehr und mehr hat sich gezeigt – auch nach dem Zusammenbruch des Kommunismus –, wie reich wenige Länder und wie arm viele sind. Und nicht in den vermögenden Ländern wird Krieg geführt, werden Andersdenkende verfolgt und ermordet, jagen die Stärkeren die Schwachen, sondern eben in den ohnehin von Armut und Hunger geplagten Regionen findet das alles statt. Ist es da ein Wunder, wenn Menschen aufbrechen und anderswo »ihr Heil suchen«, wie es so treffend heißt.? Sie suchen keine »Heimat«, sie suchen ein menschenwürdiges Unterkommen, sie suchen Arbeit. Das ist alles. Und es ist, von uns aus gesehen, nicht einmal viel, denn wir haben es noch reichlich. Helfen sollen wir Reichen allemal, selbst wenn wir nicht alle, die unterwegs sind, aufnehmen können. Aber ich bin sicher, daß diese Völkerwanderung am Ende unseres Jahrtausends die Welt verändern wird. Und keineswegs zu unserem Schrecken – wenn wir nur begreifen, wie viel wir haben, was wir nicht brauchen, und wie wenig von dem die vielen haben, die es brauchen könnten. Und was sie alles mitbringen! Ihre Sprache, ihre Erinnerung, ihre Kultur, ihre Religion. Wir könnten lernen, voneinander. Und wir müßten, wenn wir uns achteten, nichts aufgeben von dem, was wir sind, woraus wir und wofür wir leben.

Ich muß zugeben: Meine Hoffnung ist nicht groß. Immer neue Kriege werden geführt. Immer mehr Menschen hungern. Immer mehr Kinder leben elternlos auf Straßen, in Elendsquartieren. Immer mehr. Immer mehr.

Trotzdem: Wir sollten es versuchen, liebe Aila, Du und ich und die andern, die nachdenklich und neugierig auf »Fremde« sind.

Schreib mir mal wieder! Ich wünsche Dir von Herzen alles Gute!

Dein Peter Härtling

Peter Härtling ist Schriftsteller in Mörfelden-Walldorf

Hamburger Museumsdirektoren

■ Flüchtlinge unter uns

»Der Entwicklungsgrad von Humanität und Kultur einer Gesellschaft ist daran zu messen, wie sie ihre schwächsten Glieder, konkret gesagt, die Ausländer aus den Ländern außerhalb der EG behandelt.« Mit diesen Worten eröffnete der damalige Kultursenator Prof. Biallas 1976 die vom Völkerkundemuseum organisierte erste »Türkische Woche« in Hamburg.

Mit den rassistischen Angriffen auf Flüchtlingsheime 15 Jahre danach gibt es bei uns einen traurigen Rückfall in die Barbarei. Angriffe auf die körperliche und seelische Unversehrtheit von Ausländern darf es unter keinen Umständen geben. Sie sind Angriffe gegen jede und jeden von uns und gegen die Grundpfeiler abendländischer Kultur.

»Von allen Vergehen gegen Fremde ... ist keines schwerer ... als das gegen Schutzflehende« hat Platon vor 2400 Jahren gesagt. Das gilt auch heute noch, unabhängig, ob es um den Schutz vor politischer Verfolgung oder vor für uns unvorstellbarer Armut geht.

Denn auch die sogenannten Armutsflüchtlinge haben ihre Heimat meist angesichts der existentiellen Not in den Krisenherden unserer Erde verlassen. Und für ihre Not sind wir häufig mitverantwortlich als Gewinner einer von uns gemachten und für diese Länder ungerechten Weltwirtschaftsordnung.

Flüchtlinge sind nicht vor allem Sozialhilfeempfänger. Sie bereichern unsere Lebenswelt in vielfältiger Weise. Diese Bereicherung ist Gegenwert für unseren derzeitigen materiellen Einsatz.

Die Hamburger Museen fordern zu mehr Toleranz und zur Solidarität mit verfolgten Menschen auf. Sie tun es mit Ausstellungen und Veranstaltungen, wie die Ausstellung »400 Jahre Juden in Hamburg« im Museum für Hamburgische Geschichte, wie die aktuellen Ländertage, Vorträge und »Besonderen Abende« im Völkerkundemuseum, wie die Feste mit ausländischen Kindern des Museumspädagogischen Dienstes.

Alle ausländischen Mitbürgerinnen und Mitbürger sind uns willkommen. Wir wollen uns bemühen, Sie so aufzunehmen, wie wir in Ihren Ländern aufgenommen sein möchten.

Prof. Dr. Jörgen Bracker, Prof. Dr. Ralf Busch, Prof. Dr. Wilhelm Hornbostel, Prof. Dr. Gerhard Kaufmann, Prof. Gernot Krankenhagen, Prof. Dr. Uwe Schneede, Dr. Rüdiger Vossen.

Christoph Hein

■ Noch nicht reif

Die zunehmenden Überfälle auf Asylsuchende und Ausländer gefährden die Demokratie des Landes. Die Regierung ließ durch ihren Sprecher mitteilen, daß es keine Hinweise auf eine zentrale Steuerung der rechtsradikalen Anschläge gäbe. Die Regierung sollte nicht die Augen davor verschließen, daß es eine Initialzündung für die plötzlich in ganz Deutschland angewachsenen Gewalttaten gab. Die Entscheidung, nach einem erfolgten Überfall die Asylsuchenden in Hoyerswerda nicht zu schützen, sondern aus der Stadt auszusiedeln, wurde von den Gewalttätern als Erfolg verstanden, der unmittelbar zu den Folgeverbrechen führte. Seit diesem Tag eskalierte in ganz Deutschland die Gewalt gegen Ausländer. Wer immer die Verantwortung für diese Entscheidung von Hoyerswerda trägt, er hat Mitschuld an der Welle der Gewalt, die jetzt durch ganz Deutschland rollt.

Bei der derzeitigen Diskussion über eine mögliche Veränderung des Grundgesetzes ist zu beachten, daß der jetzige Zeitpunkt für eine solche Debatte staatsrechtlich bedenklich ist. Wenn in dem Moment, da ein Artikel oder Gesetz zur Geltung kommt, über seine Veränderung entschieden werden soll, kann von Unvoreingenommenheit nicht mehr die Rede sein. In einem solchen Moment ist notwendigerweise der Gesetzgeber selbst befangen.

Die Herstellung der deutschen Einheit wird noch Jahre dauern. Die Medien haben bei diesem Prozeß einen entscheidenden Anteil. Die politischen Umfragen, die sogenannten Meinungs- und Politbarometer, die gelegentlich von den Medien veröffentlicht werden, sind auch eine Folge der Arbeit und Berichterstattung dieser Medien. Sie geben Aufschluß über die Meinungen der Bevölkerung, aber auch über die Meinungsmacher. Es ist für die Demokratie wie für den Einigungsprozeß mehr als nur abträglich, daß einige Blätter der Boulevardpresse, die in einem Teil Deutschlands erscheinen, die Stimmung gegen den anderen Teil Deutschlands anheizen. Skandalös ist es aber auch, daß sogar einige seriöse Blätter nach ersten und offenbar nicht allzu erfolgreichen Versuchen, für die Bürger in ganz Deutschland zu sprechen, sich nun wieder und erklärtermaßen auf ihren traditionellen Teil der Republik beschränken. Eine Einheit in Deutschland wird es nicht ohne oder gegen die Medien geben. Die Medien sollten sich ihrer Macht in diesem Land und damit ihrer Verantwortung für dieses Land bewußt sein. Es droht die Gefahr, daß jenes Urteil, welches Mirabeau vor mehr als zweihundert Jahren über Preußen fällte, nun auch für die Einheit Deutschlands gültig wird: »Noch nicht reif und schon faul.«

Christoph Hein ist Schriftsteller in Berlin

Wolfgang Joop

■ Wo führt das alles hin?

Es stimmt einfach nicht, daß der Deutsche ausländerfeindlich ist. Er reist gern, bildet sich fern, liebt Pizza und Couscous, griechischen Wein. Tanzt mit Einheimischen auch mal Sirtaki mit (die Ehefrau übt daheim Bauchtanz) und kann sich an der Costa mit »muchas gracias« bedanken. Er besucht den Ausländer halt gern in *seinem* Land, bringt ihm freiwillig die Deutsche Mark und, wenn er will, auch seine Vorstellung von deutscher Ordnung und Organisation.

Der Deutsche ist ausländerfreundlich. Im Gegensatz zum Ami läßt er auch Farbige ins eigene Land und verzeiht »broken German«. Man denke an Simon Estes und Roberto Blanco. Sie sollten nett sein, nicht beunruhigen und halt einen Job haben. Am besten in der Unterhaltungsbranche. Denn singen, tanzen und uns fröhlich machen – das können die schon besser als wir.

Wir begrüßen auch gern den Japaner bei uns. Er darf deutsche Hotels, Firmen, ja Straßen kaufen. Ist der Asiate doch an sich ähnlich wie wir: ordentlich, leise, und er hat sein eigenes Geld.

Der Deutsche war nach dem Krieg sogar bereit, sein Deutschsein zu verleugnen. Nannte sich lieber »Charly« statt Karl und »Brischitt« statt Brigitte. Nach verlorenem Krieg und verlorener Ehre lagen wir den Ausländern zu Füßen. Jetzt haben wir sie im Nacken. Der Deutsche mochte den Deutschen nicht und ist auch jetzt mehr deutsch- als ausländerfeindlich. Der Wessi will den Ossi nicht und umgekehrt. Der eine will des anderen Geld! Soll er's doch selbst verdienen. Wir haben ja noch Verpflichtungen in der Dritten Welt.

Also, ausländerfeindlich kann man uns nicht nennen. Wir sind bereit, mit anderen Kulturen zu leben, solange wir sie besuchen können, wann wir wollen. Will das »Ölauge«, der »Kanacke«, die »Dachpappe« bei uns leben, soll er halt *unsere* Kultur annehmen, eine Arbeit und Wohnung nachweisen. Menschen, die sich anders amüsieren – oder sogar mehr als wir (und vielleicht auf unsere Kosten), die haben uns schon immer mißtrauisch gemacht. Schon dem Künstler, dem Single, dem Öko-Typ, ganz zu schweigen vom Homo und der Lesbe, kann man nicht ganz trauen. Denn man weiß ja nicht, ob die mehr Spaß haben als wir.

Mit diesen Minderheiten also hat der Deutsche schon genug zu tun. Auch Minderheiten können sich vermehren – wo führt das hin? Man braucht halt seine Ordnung und seinen Überblick. Und das schafft man nur mit Ernst und Arbeit. Law und order verschafft sich unsere Jugend in den alten und neuen Bundesländern jetzt selbst. Unsere Politiker wissen in der Ausländerfrage ja nicht, was sie wollen.

Sprechen ja auch nur selten eine andere Sprache als den Heimat-Dialekt.

Wolfgang Joop ist Modemacher in Hamburg, New York und Potsdam

Michael Jürgs

■ Wir haben doch nichts gegen Ausländer

Es stimmt ja gar nicht, daß der deutsche Mensch ausländerfeindlich ist (manche gehen derzeit sogar dreimal statt zweimal pro Woche beim Italiener oder beim Griechen essen, gerade aus Protest gegen den sogenannten Mob von rechts). Selbst der Neger, der ja keine Chance hat, sich durch eine normale deutsche Hautfarbe zu tarnen, wird mitunter gern gesehen. Er muß nur ein paar winzige Voraussetzungen erfüllen.

1. Zum Beispiel muß es sich beim ausländischen Mitbürger um einen weiblichen Neger handeln, der ja, wie man aus den Spätfilmen von RTL plus weiß, meistens geil ist. Eine solche Negerin im örtlichen Bordell wird – sogar auf dem flachen Lande – von Mitgliedern der Deutschen Volksunion, von Republikanern, von Skinheads und natürlich von allen, die denen im Geiste nahestehen, also von vielen, ganz ohne Aufenthaltsgenehmigung akzeptiert. Muß allerdings gewaschen sein und anschließend Danke sagen.

2. Zum Beispiel muß der ausländische Mitbürger irgendein Instrument beherrschen, gern Trompete oder Schlagzeug, in einer Band auftreten (da dürfen sogar mehrere Menschen eine andere Hautfarbe haben) oder die Fähigkeit besitzen, bei Kindergeburtstagen den schwarzen Mann zu spielen. Dann wird für die Zeit solcher Auftritte die Aufenthaltsgenehmigung jenseits der schwerbewachten Asylantenlager gern erteilt. Muß allerdings auch auf Verlangen deutsches Volksgut singen oder spielen und sich nach dem Auftritt nicht an den Tisch von deutschen Bürgern setzen.

3. Zum Beispiel sollte der ausländische Mitbürger in den Vororten wissen, wie man einen Rasen mäht, Laub wegkarrt oder die Straßen reinigt. Dort wohnen nämlich die altgewordenen Überbleibsel der kämpferischen Deutschen, die grundsätzlich gegen Ausländerfeindlichkeit sind, also schon mal einen Neger beschäftigen, solange keiner bei ihnen in der Nähe einzieht. Die APO-Reste, denen Horkheimer und Adorno so nahe standen wie die blaue Latzhose und die Selbstgedrehte, schreiben kämpferische und vor allem betroffene Leserbriefe gegen Ausländerfeindlichkeit. Sie sind liberal, kein Zweifel, gegen die Änderung des Artikels 16 im Grundgesetz und finden es entsetzlich, daß auf der anderen Seite der Stadt, in den Gegenden, in denen sie nicht leben wollen, plötzlich diese Aversionen gegen Ausländer entstehen.

4. Zum Beispiel darf der ausländische Mitbürger auf der Bühne in bestimmten Theaterstücken auftreten, weil manche Inszenierungen so authentischer wirken, besonders in Musicals bei Gastspielen sind Neger erwünscht, und auch, wenn in der Oper Othello gegeben wird. Bedingung allerdings ist, daß die Aufenthaltsgenehmigung strikt auf das Theater beschränkt bleibt, allenfalls noch auf eine Hotelpension in der Nähe, und automatisch bei der Theaterpause im Sommer endet. Da nämlich fahren die Kulturbürger weg und sehen ganz echte, wilde Neger im Urlaub.

5. Zum Beispiel wird der Neger an sich akzeptiert, wenn er Tore schießt, am besten allerdings im eigenen Verein, denn wenn er beim Gegner spielt, dann wirft der echte Sportfan mit Bananen oder übt sich im Affengebrüll. Auch da allerdings gilt die Regel, daß nur der ein guter Bimbo ist, der mit einem Zimmer im Sportlerheim zufrieden ist, also nicht zu uns in die Stadt in die besseren Gegenden ziehen will, was er sich ja leisten könnte, und daß er seine braunen Fingerchen von deutschen Frauen läßt.

Womit eindeutig bewiesen ist, daß wir nichts gegen Ausländer haben, gar nichts, solange sie wissen, wo sie hingehören. Und wissen, wohin wir sie zurückschicken, wenn sie das mal vergessen sollten.

Michael Jürgs ist Journalist in Hamburg

Hellmuth Karasek

■ Wir brauchen die Ausländer

Ohne Griechen, also ohne Gastarbeiter, Exilanten, Asylanten und Emigranten, hätte es die Blüte der klassischen römischen Kultur, die wir heute noch bewundern und von der wir heute noch zehren, nie gegeben. Ohne die Westeuropäer, die er, sehr zum Mißvergnügen des russischen Adels, in sein Land rief, hätte Zar Peter der Große Rußland kulturell nicht erneuern und an die europäischen Entwicklung anschließen können. Ohne die französischen Hugenotten, die er rief und denen er großzügig Asyl gewährte, nachdem sie in ihrer Heimat wegen ihrer protestantischen Religion verfolgt worden waren, und ohne den französischen Aufklärungsphilosophen Voltaire hätte der Alte Fritz aus seinem Preußen keine mitteleuropäische Kulturnation formen können.

Ohne böhmische Köchinnen, Prager Schneider, ungarische Komponisten und jüdische Ärzte (wie zum Beispiel Sigmund Freud) wäre Österreich nie die kulturelle Blüte beschieden gewesen, die es zu Beginn unseres Jahrhunderts erlebte.

Berlin in den goldenen Zwanzigern, die kulturelle Metropole der westlichen Welt, konnte nur gedeihen und der Welt Impulse geben, weil diese Stadt Menschen aus dem Osten, also Polen und Tschechen, Russen und Balten, in großer Zahl angezogen und angelockt hatte.

Wir sollten uns klarmachen, daß nationale Kulturen nur entstehen und gedeihen können, wenn sie nicht in Selbstzufriedenheit und Inzucht erstarren, sondern das Fremde rufen, die Fremden beteiligen, die Fremden integrieren, das heißt: zu Einheimischen machen und gewinnen.

Man schaue sich Deutschland an, wie es in den frühen fünfziger Jahren in verklemmter Provinzialität zu verkommen drohte, bevor es die Gastarbeiter rief; bevor es sich den anderen Kulturen öffnete.

Was die Türken und Italiener, was Portugiesen und Griechen, was Flüchtlinge aus dem damaligen Ostblock für die Internationalisierung Deutschlands getan haben, läßt sich nicht nur an Restaurants, an Küchenerzeugnissen, an unserer Liebe für Spaghetti und Schafskäse ablesen. Wir sind nicht zuletzt durch die Fremden, die bei uns heimisch wurden, ein internationales Land geworden – und anders geht es auch gar nicht in einer Zeit, da die Grenzen offen und die Kommunikationen (nicht nur durch Fernsehen) unbegrenzt sind.

Es wäre ein fataler Fehler, wenn wir aus Angst und Engstirnigkeit diese Entwicklung von Offenheit und Toleranz gewaltsam beenden würden. Und es wäre letztlich unser Schaden.

So wie viele Deutsche draußen in der Welt dafür sorgten, anderen Kulturen neue Impulse zu geben, so brauchen auch wir die kulturelle Blutzufuhr aller, die da kommen und die bereit sind, mit uns zu leben, so wie wir bereit sind, mit ihnen auszukommen und uns mit ihnen auszutauschen.

Hellmuth Karasek ist Kulturkritiker des »Spiegel« in Hamburg

Lew Kopelew

■ Wie fremd ist die Fremde?

Emigration und besonders eine Literatenemigration gab es schon seit uralten Zeiten. Man könnte ein Lexikon zusammenstellen von Alkäus bis Zuckmayer – aufschlußreiche Notizen über Literaten, die aus ihren Heimatländern vertrieben wurden, flüchteten oder friedlich auswanderten, in der Fremde leben und schaffen mußten.

Im letzten Jahrhundert war es das Schicksal mancher großer Geister: George Byron, Heinrich Heine, Adam Mickiewicz, Victor Hugo, Alexander Herzen...

In unserem Jahrhundert erlebten vor allem Rußland und Deutschland gewaltige Emigrationsfluten. Zwischen 1918 und 1923 flohen vor der Revolution, dem Bürgerkrieg und der bolschewistischen Diktatur fast zwei Millionen Menschen aus Rußland und anderen Gebieten des früheren Zarenreichs. Darunter waren viele bedeutende Literaten: Iwan Bunin, der erste russische Literaturnobelpreisträger, Wjatscheslaw Iwanow, Dmitri Mereschkowski, Alexander Kuprin, Marina Zwetajewa, Igor Sewerjanin.

Viele deutsche Autoren wurden nach 1933 gezwungen, zusammen mit Hunderttausenden politischer Emigranten ihr von den Nazis beherrschtes Land zu verlassen, unter ihnen Heinrich und Thomas Mann, Bertolt Brecht, Anna Seghers, Alfred Döblin, Erich Maria Remarque.

In den siebziger Jahren schwoll in der UdSSR eine neue Emigrationswelle an.

Im November 1980 kamen meine Frau und ich aus Moskau nach Köln, als Gäste Heinrich Bölls und seiner Familie. Wir wollten nicht emigrieren, wollten nach einem Jahr zurückkehren, aber im Januar 1981 wurden wir ausgebürgert und sind bundesdeutsche Staatsangehörige geworden. Inzwischen sind wir viel gereist, lernten neue Menschen und neue Länder kennen, nahmen an manchen Diskussionen auch mit Emigranten verschiedener Nationen teil. Dank meiner Beobachtungen und Erfahrungen dieser Zeit wage ich, einige verallgemeinernde Schlußfolgerungen zu ziehen.

Die »erste Welle« der russischen Emigration ab 1918 wirkte befruchtend auf das geistige Leben mancher Länder. Beispielhaft dafür sind die Werke des Dichters Wladimir Nabokov, die philosophischen Arbeiten von Nikolaj Berdjajew, Fjodor Stepun, die Entdeckungen der russischen Linguisten um Nikolaj Trubezkoj und

Roman Jakobson, die Musik von Rachmaninow und Strawinski, die Gemälde von Kandinski und Chagall, die Bühnenkunst von Fjodor Schaljapin, Olga Tschechowa und anderen; Wissenschaftler, Dichter und Künstler haben auch in der Fremde erfolgreich für die russische und die internationale Kultur gearbeitet.

Die »zweite Welle« im und nach dem Zweiten Weltkrieg schwemmte aus Rußland sehr viel weniger Menschen in den Westen als die erste; und nur wenige waren Intellektuelle.

Dagegen trieben mit der »dritten Welle«, die nach dem Ende des »Tauwetters« einsetzte, nachdem die sowjetischen Panzer den tschechoslowakischen »Sozialismus mit menschlichem Antlitz« niedergewalzt hatten, etliche Natur- und Geisteswissenschaftler, Künstler, Journalisten und Schriftsteller in den Westen, unter ihnen Wassili Axjonow, Iossif Brodski, Sergej Dowlatow, Efim Etkind, Natalja Gorbanewskaja, Naum Korschawin, Wladimir Maximow, Viktor Nekrassow, Andrej Sinjawski, Alexander Sinowjew, Sascha Sokolow, Alexander Solschenizyn, Georgi Wladimow, Wladimir Wojnowitsch.

In diesen drei Emigrantenströmen, die sich sowohl in ihren sozialhistorischen Voraussetzungen als auch in ihren geistigen und psychologischen Eigenschaften grundsätzlich voneinander unterscheiden, erkennt man dennoch einige gemeinsame Wesenszüge, vor allem darin, wie einzelne Personen und größere Gruppen sich in ihrem Verhältnis zur Heimat und zu den Gastländern entwickeln.

Die einen bekannten sich bewußt zur Entfremdung von der verlassenen Heimat, ihre Erinnerungen waren bitter oder gehässig, und sie strebten danach, sich in der Wahlheimat einzuleben, Wurzeln zu fassen. Die anderen dagegen zürnten wohl dem sowjetischen politischen System, verdammten es, wollten aber der russischen nationalen Kultur, dem historischen Schicksal Rußlands verbunden bleiben. Zahlenmäßig waren die rechtskonservativen, militanten Antikommunisten ihren liberalen, demokratisch gesinnten Landsleuten kaum überlegen. Aber sie wurden von den entsprechenden parteipolitischen und behördlichen Förderern viel intensiver unterstützt, erhielten weitaus größere Publizität, verfügten über Zeitungen, Zeitschriften und Verlage, fanden leichter Zugang zu den westlichen Medien.

Sowohl unter den »Rechten« als auch unter den »Linken« gab es solche, die sich in der Emigration wie in einem Ghetto, einem geschlossenen Reservat fühlten; sie blieben fremd in der Fremde, lernten keine Sprachen, und ihre Vorstellungen von dem Land, in dem sie lebten, waren oft noch phantastischer als die von Rußland, das von ihnen entweder dämonisiert oder nostalgisch idealisiert wurde.

Doch es gab auch Wanderer zwischen den Welten, die danach strebten, direkte Verbindungen zwischen nationalen Kulturen auszubauen, die bestehenden zu vertiefen und neue herzustellen.

Am leichtesten gelang das wohl den Musikern. Der geniale Cellist und Dirigent Mstislaw Rostropowitsch, Leiter eines großen Orchesters in Washington, seine Frau, die vortreffliche Sängerin und Schauspielerin Galina Wischnewskaja, und viele andere russische Tonkünstler, die im Westen lebten, gewannen immer neue Freunde für klassische und gegenwärtige russische Musik und Bewunderer für die musikalische Ausbildung an russischen Konservatorien.

Die Ausbürgerung – die erzwungene Ferne von unserer Heimat – machte es meiner Frau Raissa Orlowa und mir acht Jahre lang unmöglich, in die vertrauten Gegenden zu kommen, Kinder und Kindeskinder und Freunde zu besuchen. Für uns bleibt das Exil vor allem ein Unglück, obwohl wir im Westen in vielem besser lebten als je zuvor zu Hause. Ich konnte in diesen Jahren mehr Bücher und Beiträge für Zeitungen und Zeitschriften publizieren als in den Jahrzehnten zuvor. Hier reisten wir, wann und wohin wir wollten, nur nicht in die Heimat, nicht in die mit der Sowjetunion verbündeten Länder.

Anna Achmatowa pflegte zu sagen: »Man hat uns die Welt gestohlen.« Jetzt haben wir einige Teile dieser gestohlenen Welt sehen und erleben können. Wir hielten Vorträge und Lesungen an Universitäten, in Schulen, Buchhandlungen, vor verschiedenen Auditorien. Das war mir seit 1968 in Moskau und seit 1975 in der ganzen Sowjetunion versagt. Hier genoß ich die Freude der Sicherheit, ich war sicher, daß kein wachsames Auge mir über die Schulter auf meinen Schreibtisch blickte, keine ideologische Zensur, kein behördlicher Eifer mich hindern kann, das zu veröffentlichen, was ich will.

Doch all die Freuden, Vorteile und Annehmlichkeiten haben unsere Verbundenheit mit der Heimat nicht für einen Tag gelockert. Eher im Gegenteil. Drüben befaßten wir uns – meine Frau als Amerikanistin, ich als Germanist – vor allem mit ausländischer Literatur. Wir schrieben und berichteten in Vorlesungen hauptsächlich über zeitgenössische Entwicklungen im Geistesleben des Westens. Hier aber waren wir bemüht, die Geschichte und die Gegenwart der russischen Kultur und Literatur möglichst vielen Lesern und Hörern bekannt und verständlich zu machen, um den immer noch gravierenden Vorurteilen und Zerrbildern entgegenzuwirken. Wir machten hier dem Sinn und Wesen nach eigentlich die gleiche Arbeit, die wir früher in Moskau gemacht hatten. Wir bauten an denselben Brücken, nur von der anderen Seite aus.

Nach 1988 sind mehrere russische Autoren aus dem Exil in die Heimat gereist; ihre Ausbürgerung wurde als unrechtmäßig für nichtig erklärt. Einige erhielten sogar Wohnungen in Moskau. Dennoch kamen die meisten – ich schreibe diese Zeilen im November 1991 – nur als Besucher für Wochen oder Monate in die alte Heimat. Sie bleiben in den Wahlheimaten: in den USA, Deutschland, Frankreich, England, Israel, Italien und an anderen Orten. Dafür gibt es unterschiedliche Ursachen: Die einen schrecken vor den zunehmenden, unheilverheißenden Krisen zurück, denen sie nichts entgegenzusetzen vermögen; die anderen fühlen sich ihrem Vaterland entfremdet, können sich nicht unter alten Bekannten und auch Angehörigen in neuen Umständen zurechtfinden. Doch es gibt auch solche, die ebenso wie ich überzeugt sind, daß sie ihren Pflichten als Russen und Europäer, als Patrioten und Weltbürger besser dort nachkommen können, wo sie jetzt leben, wo sie ihre Leser, Hörer und bewährte Mitarbeiter um sich haben.

Seit 1982 leite ich eine Forschungsgruppe an der Bergischen Universität Wuppertal, deren Ziel die Erforschung der Geschichte deutsch-russischer Fremdenbilder ist. Es wird untersucht und nachvollzogen, wie Deutsche und Russen (Politiker, Schriftsteller, Journalisten, Geschäftsleute, Wissenschaftler und andere mehr) einander kennenlernten, wie freundliche, nachbarschaftliche Beziehungen oder auch Zerrbilder, Vorurteile und Feindbilder entstanden. Wir – fünf Mitarbeiter der Forschungsgruppe – und die von uns angeworbenen Autoren verschiedener deutscher, österreichischer und amerikanischer Universitäten (seit 1989 arbeiten für uns auch Historiker und Literaturwissenschaftler in Moskau, Petersburg und Tomsk) haben bis jetzt vier Bände mit historisch systematischen Beiträgen herausgegeben (vom Mittelalter bis zum Ende des 18. Jahrhunderts). Es werden noch vier bis fünf solcher Sammelbände (zum 19. und frühen 20. Jahrhundert) sowie einige Sonderbände erscheinen. Dieses Projekt gehört zu den neuen Wissenschaftszweigen der komparatistischen Kulturgeschichte und Imagologie (Xenikonologie) und hat sich bereits zu einem Beitrag zur aktuellen Friedensforschung entwickelt. Meine Einleitung zum zweiten Band: *Russen und Rußland aus deutscher Sicht. 18. Jahrhundert: Aufklärung*, schließt mit den Worten: »Die patriotischen Gefühle und Ansichten der deutschen und russischen Aufklärer entwickelten sich annähernd so bei Lessing, Kant und Goethe wie bei Radischtschew, Tschaadajew und Puschkin in widersprüchlich-harmonischer Einheit mit weltbürgerlichen Empfindungen und Ansichten.

Heimatliebe und Weltoffenheit, bewußte herzliche Verbundenheit zum eigenen Volk, zur eigenen Sprache, Geschichte und Dichtung, aber auch ein internationaler Weitblick, Verständnis für andere Völker, andere Kulturen – das alles miteinander vereinen wollten und konnten die großen Deutschen und Russen.

Diese Überlieferungen sind eben jetzt wichtiger als je zuvor – und nicht nur für deutsch-russische Beziehungen. Sie sind die unerläßliche Voraussetzung für die Sicherung des Friedens, für die Erhaltung des Lebens in der Welt.«

Eine erzwungene Emigration, ein Niemals-Wiederkehren-Können in die Heimat, ist ein Unglück, das keine Erfolge, keine Freuden zu stillen vermögen. Doch zugleich kann man aus der Ferne, aus der unüberwindbaren Distanz manches, was man daheim nur flüchtig aufnahm oder auch kaum bemerkte, vielseitiger und differenzierter erkennen.

Heinrich Heine schrieb als Emigrant in Paris eine von zornig-ironischer und leidenschaftlich-zärtlicher Heimatliebe durchdrungene Lyrik und seine poetischen Essays zur deutschen Kulturgeschichte. Iwan Turgenjew gestand, daß er erst im Ausland richtig zu begreifen begann, was für Rußland die Leibeigenschaft der Bauern bedeutete; in der Ferne entstanden seine *Aufzeichnungen eines Jägers* und andere bedeutende Werke.

Thomas Manns *Doktor Faustus*, Maxim Gorkis Epos *Das Leben von Klim Samgin*, Romane und Erzählungen von Anna Seghers und Iwan Bunin, viele Dramen und Gedichte von Bertolt Brecht wurden in der Emigration geschrieben... Diese Liste könnte lange fortgesetzt werden.

Die Erfahrungen der Großen gelten für uns alle. Ein wahrer Weltbürger ist immer auch ein Patriot; ein Emigrantenlos – noch so bitter – kann fruchtbar werden für einen Geist, der nicht verzweifelt resigniert.

Lew Kopelew lebt als Schriftsteller in Köln

Hardy Krüger

■ Diese Welt gehört uns allen

Für Menschen, mit denen ich zusammengelebt habe, bin auch ich Ausländer gewesen: in England, Frankreich, Amerika, selbst in der Sowjetunion. Wegen der deutschen Nazi-Vergangenheit bin ich begreiflicherweise immer wieder einer Feindseligkeit begegnet, die gegen meine Staatsangehörigkeit gerichtet war.

Ich weiß also aus eigener Erfahrung, wie bitter diese Angriffe für einen Menschen sind, der friedvoll in der Gemeinschaft anderer leben will.

Es ist mir wichtig, darauf aufmerksam zu machen, daß auch Ausländer in unserem Land das vielbesungene Recht auf Frieden und auf Freiheit haben.

Diese Welt gehört uns allen. Die Zeiten, als Diktaturen den Einzug oder Auszug von Menschen aus ihrem Landesbereich verhindern können, sind glücklicherweise so gut wie überall vorbei.

In meinen Augen sind nicht nur jene zu verdammen, die Gewalt gegen eine Minderheit in unserem Land anwenden.

Verdammenswert ist auch, wer diese schändlichen Ausschreitungen hinnimmt, ohne dagegen anzugehen. Es drängt sich mir der Gedanke an die sogenannte Reichskristallnacht auf, als eine jüdische Minderheit brutal gequält worden ist, und eine schweigende Mehrheit der Deutschen hat den Mantelkragen hochgeschlagen und sich selber eingeredet, sie hätte nichts gesehen.

Es darf nicht zugelassen werden, daß einige Wenige die Brutalität der Vergangenheit wieder auferstehen lassen.

Noch weniger aber dürfen wir zulassen, daß die Mehrheit unseres Volkes an diesen Verbrechen abermals mit hochgeschlagenem Mantelkragen vorübergeht. Es ist höchste Zeit, daß die Mehrheit der Deutschen sprechen lernt.

Hardy Krüger ist Schauspieler und Autor

Heinz Rudolf Kunze

■ Von den Fremden wachgeküßt

Bei uns zu Hause gab es kein Knoblauch. Knoblauch, das war der Atem fremder Völker, wo's nicht so sauber war wie hier und nicht so blond. Um Himmels willen, das hatte nichts mit früher zu tun, als man alle, die nach Knoblauch rochen, aus den Augen, aus dem Sinn geschafft hat, Gott bewahre, man mochte Knoblauch einfach nicht, unser täglich Graubrot gib uns heute, aus, fertig, Mahlzeit.

Oregano war ein Fremdwort, es gab zwar Spaghetti, doch die hießen bei uns Nudeln, übergossen mit Soße hellrot wie das Springblut abgestochener Schweine, die dann als Wurstklumpen in Mehlschwitze schwammen. Salbei, Liebstöckel, Kerbel, Thymian – alles weit weg und da sollte es bleiben. Man war zwar weit rumgekommen, väterlicherseits bis nach Sibirien, aber niemals dahin, wo es duftet. Solange ich meine Füße unter diesen Tisch stellte, hatte ich Maulsperre. Jeder Eintopf eine Kesselschlacht, Löffelabgeben gilt nicht. Ich glaube, meine erste Pizza aß ich als Student.

Nicht auszudenken, was aus mir geworden wäre ohne die Fremden, die über die Butterberge kamen, die nach Knoblauch rochen und hier schufteten für Geld und böse Worte, und die hier Genüsse verbreiteten, die mich wachküßten aus meiner Schweinskopfsülze, in der ich eingebettet lag wie ein Cholesterinschneewittchen. Mein Mißtrauen gegen Knoblauchverächter ist groß. Wenn die Vampire kommen, kauen sie nur ihre Nägel. Sonst nichts.

Heinz Rudolf Kunze ist Rockmusiker

Manfred Lahnstein

■ Der Staat muß Ausländer schützen

Hitler hat es damals vorgemacht: »Deutschland über alles ... bis alles in Scherben fällt.« Nach 1000 Jahren hat uns die Geschichte noch einmal eine Chance gegeben. Wir haben sie genutzt. Wir haben den Staat des Grundgesetzes geschaffen. Wir haben unser Land aufgebaut. Wir sind Teil der Gemeinschaft freier und zivilisierter Völker. Ohne Hilfe und Verständnis unserer Freunde in aller Welt wäre das nicht gegangen.

Und jetzt grölt es wieder, prügelt, brandschatzt, wird morden. Das darf doch nicht wahr sein! Deshalb muß ab heute gehandelt werden. Der Staat muß sich, uns und die bei uns lebenden Ausländer schützen. Alle Organe des Staates müssen personell und finanziell in die Lage versetzt werden, ihre Aufgaben zu erfüllen. Wir Bürger müssen das als Priorität akzeptieren, müssen die eine oder andere »Befindlichkeit« und »Betroffenheit« für ein Weilchen zurückstellen.

Die Politik muß die allgemeinen Bedingungen für das Zusammenleben schaffen: Keine Begrenzung des Rechts auf politisches Asyl! Sicherung der vollen Freizügigkeit innerhalb der EG! Dazu ein Einwanderungs- und Staatsbürgerrecht, das sich nicht an der Blutgruppe, sondern an der Verfassung festmacht. Wir alle aber müssen unsere Pflicht tun. Zeigen wir den Ausländern, daß sie für uns Mitmenschen sind. Begreifen wir die Polizei als Freund und Helfer. Helfen wir den Lehrern, den Kirchenleuten, den Sozialarbeitern und all denen, die um jede Seele kämpfen.

Selbst wenn das ins Rollen kommt, bleibt genug zu tun. Eine Gesellschaft, in der der Gang in die Kahlköpfigkeit überflüssig wird – das ist eine lohnende Daueraufgabe.

Manfred Lahnstein ist Vorstandsmitglied der Bertelsmann AG in Gütersloh

Klaus Murmann

■ Das Anderssein bereichert

Die Ausbrüche von Gewalt gegen Ausländer haben mich zutiefst erschüttert.

Wir dürfen nicht zulassen, daß eine radikale Randgruppe unser Land diskreditiert und das Vertrauen untergräbt, das unser freiheitlicher Rechtsstaat nach über 40 Jahren weltweit genießt.

Ausländer sind längst zu einem festen Bestandteil unserer Gesellschaft geworden und tragen durch ihre Arbeit zum Erfolg unserer Wirtschaft bei. Sie übernehmen Jobs, die in den Augen deutscher Arbeitsloser schlicht nicht attraktiv genug sind.

Auch schaffen sie als selbständige Unternehmer zusätzliche Arbeitsplätze. Sie fragen nach deutschen Produkten, zahlen Steuern und Sozialabgaben und tragen mit ihrer günstigen Altersstruktur zur Sicherheit unserer Renten bei.

Zudem braucht unsere auf den Weltmarkt ausgerichtete Industriegesellschaft den offenen Austausch mit Menschen anderer Nationalitäten und Kulturen.

Ihr Anderssein ist für uns keine Gefährdung, sondern eine Bereicherung.

Klaus Murmann ist Präsident des Deutschen Arbeitgeberverbandes

Helmut Markwort

■ Asyl in Oggersheim

Anregung für eine Lektion in deutschen Schulbüchern

Einer der bekanntesten Ausländer war Friedrich Schiller. Nachdem der junge Mediziner sein Schauspiel »Die Räuber« veröffentlicht hatte, verbot ihm sein württembergischer Landesherr Carl Eugen das weitere Verfassen von »Komödien« und vor allem jeden Kontakt mit dem Ausland. Friedrich Schiller rang sich dazu durch, sein Vaterland bei Nacht und Nebel zu verlassen. Am 22. September 1782 floh der 23jährige nachts in einer Kutsche über die Grenze in die Kurpfalz und versteckte sich zunächst in Mannheim, wo damals auch viele Hugenotten, Wallonen und Juden Zuflucht fanden.

Obwohl Schiller sich mit dem Namen Dr. Ritter tarnte, konnte er sich vor den württembergischen Soldaten nicht sicher fühlen. Er flüchtete zu Fuß weiter und fand schließlich Asyl in dem kleinen Pfalzstädtchen Oggersheim. Den Herbst über versteckte er sich in einem Eckzimmer des Gasthauses »Viehhof«. Schiller nannte sich inzwischen Dr. Schmidt und datierte seine Briefe zur Täuschung der Württemberger aus Leipzig. Sein Zimmer war so eng, daß er das Bett mit seinem Freund Andreas Streicher (Flüchtlingsname Dr. Wolf) teilen mußte.

Jahre später wird Oggersheim zum Kultort. Friedrich Hölderlin schreibt, daß er mit Tränen in den Augen in das Wirtshaus kam, »in das der große Schiller aus Stuttgart sich geflüchtet hatte«.

Möglichkeiten für Referate und Aufsätze: Erforschen Sie die Geschichte anderer deutscher Asylanten dieses Zeitraums wie Joseph von Görres, Friedrich List, Georg Büchner, Gustav Freytag. Thema für eine größere Arbeit: die Gebrüder Grimm und die übrigen Göttinger Sieben, die in Tübingen, Berlin und Leipzig vor Verfolgung geschützt wurden.

Helmut Markwort ist Geschäftsführer des Burda-Verlags in München

M. H. Nabavi

■ Angst vor der neuen Konkurrenz

Als 17jähriger Gymnasiast kam ich 1952 in die Bundesrepublik, um hier Medizin zu studieren. Ich bin der Auffassung, daß es im Jahre 1991 nicht mehr Ausländerfeindlichkeit gibt als im Jahre 1952. Der Unterschied besteht nur darin, daß damals die Äußerungen über Ausländer entweder hinter vorgehaltener Hand oder innerhalb der eigenen vier Wände ausgesprochen wurden, während jetzt offen und öffentlich reagiert wird. Nun, da die Grenzen offen sind – und schließlich war es ja der Westen, der jahrelang für offene Grenzen plädiert hat –, lockt der Westen Europas mit seinem Reichtum die Armen. Und nun sind sie da, die Asylanten, Aussiedler, Zuwanderer, und wollen teilhaben an diesem Reichtum. Die arbeitslosen deutschen Jugendlichen haben Angst vor noch mehr Armut und noch mehr Arbeitslosigkeit durch diese neu entstandene Konkurrenz. Und ein Großteil der deutschen Bevölkerung fragt sich, woher bei der ohnehin bestehenden Wohnungsknappheit der Wohnraum und die finanziellen Mittel für die zuströmenden Menschen kommen sollen. Manche Medien führen in diesen Tagen ein diffamierendes Wirrwarrspiel ohne Fingerspitzengefühl. Die Folge ist Radikalismus, Staatsverdrossenheit und die instinktive Angst vor Überfremdung. Hier müssen die Politiker und Journalisten aller Couleur mit viel Fingerspitzengefühl dafür Sorge tragen, daß die Wogen der Emotionen einem rationalen Handeln Platz machen.

Dr. M. H. Nabavi ist Arzt am Allgemeinen Krankenhaus Ochsenzoll in Hamburg

Nicolas Pataky

■ Nur weil sie fremd sind

Vor vier, fünf Jahren veröffentlichte »Der Spiegel« eine Untersuchung, wonach bei rund einem Drittel der bundesdeutschen Bevölkerung latent faschistoides Gedankengut vorhanden war. Natürlich wurde sie nicht ernst genommen, wie hier manches nicht ernst oder wahrgenommen wird, was unbequem ist. Man hätte besser daran getan, die Studie todernst zu nehmen. Vielleicht hätten wir dann einige Tote vermeiden können. Den Tod von Menschen, die sterben mußten, nur weil sie hier Ausländer waren. So aber hat sich das »latent« Vorhandene gespenstisch schnell revitalisiert.

Und die totschweigende Mehrheit, die kein Verständnis für die Demonstranten gegen Wackersdorf (vor oder nach Tschernobyl) hatte, zeigte plötzlich erstaunlich viel davon für die Asylantenmörder und Ausländerhasser. Natürlich gibt es Erklärungen für deren Amoklauf: Arbeits-, Auswegs- und Orientierungslosigkeit, eine unter bornierter Unterdrückung verkrüppelte Seele – im Osten. Und hier, im Westen, in diesem freiesten Staat auf deutschem Boden?

Doch auch im Osten muß die Erklärungs- und Verständniskette einmal unterbrochen werden. Spätestens dann, wenn Menschen aus fahrenden Straßenbahnen geworfen, wenn Kinder im Schlaf angezündet werden, weil sie Ausländer sind. Spätestens dann müßten GSG 9 und Polizei »hart durchgreifen« – die ja immerhin sehr effizient die Pershing-Raketen gegen Chaoten zu verteidigen und harmlose Demonstranten mit Brachialgewalt gesetzwidrig einzukesseln vermochten. Und spätestens dann hätten der Kanzler und andere Politiker in einer Fernsehansprache an die Nation energisch auf den Tisch hauen müssen, Ausländerhaß Ausländerhaß nennen, ihn verdammen und zum entschiedenen Widerstand dagegen aufrufen. Doch weder das eine noch das andere geschah – und geschieht. Und das ist sicher nicht ohne Zusammenhang.

Wehret den Anfängen! Anfängen …? Schön wäre es. Wir sind mitten drin, aber uns zu wehren fangen wir immer noch nicht richtig an.

Nicolas Pataky ist ungarischer Journalist und lebt in Hamburg

Jobst Plog

■ Von der Würde des Menschen

Manchmal in den vergangenen Wochen habe ich an Martin Luther King gedacht. Als Abend für Abend die entsetzlichen Bilder von der Gewalt in Deutschland gegen Ausländer über die Bildschirme liefen, ist mein Blick zurückgegangen und an jenem Tag im August 1963 stehengeblieben, als King vor vielen hunderttausend Menschen in Washington über seinen Traum sprach. Eines Tages werde es unstreitig sein, daß alle Menschen gleich geschaffen seien und daß es keine Klasseneinteilung mehr gebe nach Hautfarbe und Herkunft. Das ist eigentlich eine Selbstverständlichkeit. In der Wirklichkeit ist es noch immer eine Vision, die zu den großen unerreichten Menschheitsträumen zählt.

In unserem Grundgesetz heißt es: »Die Würde des Menschen ist unantastbar«. Man muß in diesen Zeiten daran erinnern und dafür streiten, weil schließlich die Würde aller Menschen damit gemeint ist, nicht nur die der Deutschen.

Unser Land und seine Bürger sind in dieser Hinsicht gut behandelt worden. Denn Deutschland nach dem Zweiten Weltkrieg mit dem Begriff Würde zusammenzubringen, das lag nicht gerade auf der Hand. Eine meiner prägenden Lebenserfahrungen heißt: Die Deutschen meiner Generation haben den Ausländern mehr zu verdanken als die Ausländer uns. Nach der in der Geschichte einzigartigen Verirrung der Jahre 1933 bis 1945 wieder die Hand gereicht zu bekommen und in allen Kulturkreisen dieser Welt die Gelegenheit zu erhalten, Freunde zu gewinnen, das haben wir der moralischen und politischen Qualität anderer Gesellschaften zu verdanken. Ihrer Toleranz und Humanität. Es hätte gute Gründe gegeben, die Deutschen samt ihrer unsäglichen Begabung für barbarische Einschüchterungsmethoden nach dem Zweiten Weltkrieg zu stigmatisieren. Getan hat das niemand. Nicht unser Bruttosozialprodukt hat diese Gesellschaft reich gemacht, sondern die Offenheit der anderen. Sie haben sich wieder auf uns eingelassen, haben uns ihre Grenzen geöffnet, sind selbst zu uns gekommen, um uns nicht nur wirtschaftlich zu helfen, sondern um uns auch teilhaben zu lassen an den Facetten ihrer Kultur. Wäre all dies nicht geschehen, dann müßten wir uns wohl Angst machen um uns selbst. Nur dann müßten wir uns vor Ausländern fürchten.

In der ARD läuft in diesen Herbstmonaten des Jahres 1991 die Kampagne »Ausländerhaß – nicht mit uns«. Da heißt es zum Beispiel: »In 178 Ländern der Erde sind wir Deutschen selbst Ausländer. Tun wir nicht so, als wären wir allein auf der Welt«.

Wir müssen vermeiden, daß einige sich hierzulande so benehmen, als wenn die Deutschen es werden wollten.

Jobst Plog ist Intendant des Norddeutschen Rundfunks in Hamburg

Gregor von Rezzori

■ Deutscher Bruderhaß

Die Welle von Ausländerfeindlichkeit in Deutschland überrascht mich nicht. In den siebzehn Jahren, die ich selbst als Asylant in deutschen Grenzen hingebracht habe, wurde mir deren Latenz sehr deutlich zu Bewußtsein gebracht, wenngleich zugegebenermaßen meistens in der sublimierten Form, um die vermeintliche Angehörige einer angeblichen Kulturnation sich schlecht und recht bemühen – das heißt: mit einer Verbrämung der gelegentlichen Ausrutscher mit weiter hergeholten Motiven, sei's die politische Einstellung oder die verschiedene Auffassung von Moral. Wenn diese Feindseligkeit nun in unverbrämter Form wütend ausbricht, so scheint mir wiederum eine andere Verwechslung vorzuliegen, nämlich nicht mehr die von wirklichem und verzeihlichem Anlaß, sondern geradezu die von den Gegenständen bewußter und unterbewußter Haßgefühle. Denn daß dieser Ausbruch so offen jetzt erst, nach der Wiedervereinigung der beiden hartgespalteten Deutschländer erfolgt, läßt den Verdacht aufkommen, er richte sich nur sozusagen reflexhaft gegen Türken, Italiener, Nahöstler und allerlei Mohren und meine eigentlich – nach dem alten Bild, daß der Müller den Sack schlägt und den Esel meint – die eigenen Brüder. Ossis und Wessis, die sich ja bislang ganz unverblümt gegenseitig als Ausländer aufgefaßt hatten und es heute, nach wechselseitigem Eindringen ins feindliche Territorium erst recht tun. Ich mag mich irren. Ich hab' mich mein Leben lang bemüht, ohne Prof. Dr. Sigmund Freud auszukommen; im deutschen Bruderhaß drängt er sich unabweislich auf. Aber wie immer eine fachgerechte Analyse des Tatbestandes ausfallen mag: daß dieser ungehemmte Ausbruch eine Schmach ist und das kaum erst übertünchte Bild eines innewohnenden teutonischen Furors peinlichst wieder zum Vorschein bringt, läßt sich nicht leugnen und schmerzt mich ebenso wie jeden, der den Glauben an eine deutsche Kulturnation – so träumerisch er sei – nur ungern aufgibt.

Gregor von Rezzori ist Schriftsteller und lebt in der Toscana

Michael Schirner

■ Den Rassisten helfen

Rassismus ist der Neid auf den Genuß des anderen. Rassisten gehen immer davon aus, daß der ihnen unbekannte Ausländer, Fremde, Dunkelhäutige permanent eine Ausschweifung und Orgie nach der anderen feiert. Wir müssen uns nicht klarmachen, daß dem nicht so ist – als Nicht-Rassisten –, aber dem Rassisten hilft es nicht, wenn man ihn nur darüber aufklärt, daß er ein unwissender Trottel ist:

Man muß die Gründe beseitigen, die ihn zum Rassisten machen. Wenn wir davon ausgehen, daß sein Rassismus in seinem Unbefriedigtsein begründet ist, müßte man ihm also beibringen, zufrieden zu werden. Wie lernt das ein Rassist? Von der Binse abgesehen, daß man soziale Lagen verbessern muß, Probleme beseitigen, Arbeitslosigkeit abschaffen etc., müßte es noch einen anderen Weg geben, der Genußunfähigkeit des Rassisten abzuhelfen. Da wir es ja mit deutschem Rassismus zu tun haben, sind das vor allem die spezifisch deutschen Genußunfähigkeiten: grobes, fettes Essen feineren (und gesünderen) Tafelfreuden vorzuziehen ist dafür ebenso symptomatisch wie die unbändige Arbeitslust, der Ehrgeiz und das Saubermann-Syndrom. Etwas dran ist ja immer an diesen Klischees (auf die Gefahr hin, selber wie ein Rassist zu reden: Aber, nur Klischees über fremde – und eigene – Völker im Kopf zu haben, macht noch keinen Rassisten, ist vielmehr völlig normal und ungefährlich). Helfen könnte den Deutschen dabei natürlich nur einer: der Ausländer. Und er hat ihnen ja schon ganz schön geholfen: vom italienischen Essen bis zur schwarzen Musik haben Ausländer den Deutschen geholfen, etwas lockerer zu werden. Daß dem so ist, müßte man ihnen vermitteln. Ganz besonders den Jugendlichen, die in Kleidung, die sie schwarzamerikanischen Jugendlichen abgeguckt haben, mit Musik aufgepeitscht, die Schwarze aufgenommen haben, Jagd auf Ausländer und Dunkelhäutige machen. Auf jeden Fall muß vermittelt werden. Und nicht mit der pädagogischen Brechstange.

Michael Schirner ist Inhaber einer Werbeagentur in Düsseldorf

Franz Steinkühler

■ Ausländer sind unentbehrlich

Die aggressiven Angriffe auf Ausländer und ihre Unterkünfte, der Wahlerfolg der Rechtsradikalen in Bremen und die unverhohlenen Versuche der CDU/CSU, die Verfassung für ihre politischen Ziele zu instrumentalisieren – all das gehört zu den häßlichen Erscheinungen der vergangenen Monate. Auch wenn es sich bei den militanten Ausländerhassern um eine teilweise kriminelle Minderheit handelt, ist doch an vielen Stammtischen eine latente oder sogar offene Sympathie für deren unausgegorene Ideen zu registrieren. Ich meine, jedes verantwortungsbewußte Gewerkschaftsmitglied muß bei solchen Gelegenheiten, und nicht nur da, deutlich machen, daß Ausländerfeindlichkeit und Fremdenhaß keinen Platz in unserer Gesellschaft haben dürfen.

Zweifellos machen sich viele Bürger Sorgen um die Finanzierbarkeit des Sozialstaates, um den Erhalt ihres Arbeitsplatzes, um eine Wohnung zu einer erträglichen Miete, um das Bewahren ihres erreichten Wohlstands. Diese Sorgen sind berechtigt. Jedem vernünftigen Menschen muß aber klar sein: All die genannten Probleme lösen sich nicht einfach in Luft auf, wenn Ausländer mir nichts dir nichts vor die Tür gesetzt werden. Im Gegenteil. In vielen Bereichen, besonders auf dem Dienstleistungssektor, sind nichtdeutsche Mitbürger im Laufe der Jahrzehnte geradezu unentbehrlich geworden.

Gewerkschaften wissen sehr genau, wie wichtig und wertvoll die engagierte Mitarbeit ausländischer Arbeitnehmer und Arbeitnehmerinnen ist. Unser Ziel war immer die Integration dieser Menschen. Die Forderung nach ihrer Gleichberechtigung bleibt auf der Tagesordnung.

Franz Steinkühler ist Vorsitzender der IG-Metall

Wilhelm von Sternburg

■ Blanker Haß

Pathos und Wirklichkeit des real-existierenden Sozialismus klaffen wie so oft auch hier weit auseinander: Die sozialistische Modellstadt löst Tristesse aus. Gigantische Wohnblocks, ins flache nordsächsische Land hineingebaut, zeugen von der menschenverachtenden Architektur der Ära Ulbricht/Honecker. Wer hier lebt, Jahrzehnte vom West-Fernsehen abgeschottet, ist wurzellos. In 30 Jahren stieg die Einwohnerzahl von 7 auf 70tausend, zusammengeströmt aus allen Ecken der DDR, um zum Ruhm sozialistischer Planwirtschaft Braunkohle abzubauen. Zwei Jahre nach der Wende: Sieben Prozent arbeitslos, Tendenz steigend. Über 60 Prozent der Bewohner sind nicht älter als 34 Jahre. Vietnamesen und Afrikaner arbeiten hier für einen Hungerlohn seit Jahren, die 230 Asylanten, die Hoyerswerda in die Schlagzeilen der Weltpresse brachten, kamen erst wenige Wochen vor ihrer Vertreibung. Ich betrete die Stadt, 20 Stunden, nachdem der Rechtsstaat vor der Gewalt zurückgewichen war, Sachsens Innenminister öffentlich verkündet hatte: Hoyerswerda ist asylantenfrei, die Ausländer sind – immer wieder traumatische Sprache deutscher Bürokratie – aus der Stadtbevölkerung

»herausgelöst«. Am Abend wollen wir eine ARD-»Brennpunkt«-Sendung live auf dem Marktplatz produzieren. In den Stunden vorher begegnet uns eine seltsame Mischung aus Schweigen und Aggression. Der Mob, der tagelang mit brutaler Gewalt gegen das Asylantenheim vorging, feiert seinen Triumph gegen einen Staat, der sich ohnmächtig zeigte. Es fallen im Gespräch mit Jugendlichen Formulierungen, die ich in Deutschland nicht für möglich gehalten hatte. Der Haß liegt blank, Ausländer sind »Tiere«, sind »Viecher«. Die Älteren bleiben stumm oder nicken mit dem Kopf. Scham über das Geschehen der letzten Tage ist kaum zu spüren, die Stadtverordnetenversammlung bedauert in einer Allparteien-Resolution die Rufschädigung, die Hoyerswerda erfahren hat, aber kein Wort fällt über das Schicksal der Verjagten, kein Wort über das Versagen von Polizei und Landesregierung. Am Abend stehe ich als Moderator in einem Hexenkessel. Mehrere 100 Menschen auf dem Marktplatz von Hoyerswerda brüllen ausländerfeindliche Parolen, und während die Sendung läuft, beklatschen sie begeistert jede chauvinistische Äußerung, pfeifen, wenn es um Moral und Recht geht. Die Sicherheitsbeamten des saarländischen Ministerpräsidenten Oskar Lafontaine, der live auftreten soll, weigern sich zunächst, den SPD-Politiker aus dem Rathaus ans Mikrophon zu bringen. Die Polizei führt während der Sendung immer wieder Randalierer ab. Zum ersten Mal in meinem Leben sende ich unter Polizeischutz. Szenen aus dem deutschen Herbst 1991. Während ich moderiere, fallen mir die Schilderungen über grölende, anti-jüdische Nazi-Veranstaltungen in den Jahren der Weimarer Republik ein. Wenn ich in die Gesichter um mich herum blicke, überkommt mich Hoffnungslosigkeit. Es sind nur wenige kahlköpfige Skinheads zu sehen. Adrette Bürgerlichkeit überwiegt. Aber der Haß verzerrt auch ihre Miene. Ich rede einfach weiter.

Wilhelm von Sternburg ist Chefredakteur Fernsehen des Hessischen Rundfunks

Gyula Trebitsch

■ Carl Zuckmayers Worte

Niemand hat so treffend gegen den Rassismus gesprochen, wie es Carl Zuckmayer in »Des Teufels General« den General Harras tun läßt. Es ist die Szene, in der der General von den »Unklarheiten im Stammbaum« des Fliegerleutnants Hartmann erfährt. Zuckmayers

Stück haben wir als Film produziert, und dieser Text daraus wird seine Aussage nie verlieren:

»Denken Sie doch – was kann da nicht alles vorgekommen sein, in einer alten Familie. Vom Rhein – noch dazu. Vom Rhein. Von der großen Völkermühle. Von der Kelter Europas! Und jetzt stellen Sie sich doch mal Ihre Ahnenreihe vor – seit Christi Geburt. Da war ein römischer Feldhauptmann, ein schwarzer Kerl, braun wie 'ne reife Olive, der hat einem blonden Mädchen Latein beigebracht. Und dann kam ein jüdischer Gewürzhändler in die Familie, das war ein ernster Mensch, der ist noch vor der Heirat Christ geworden und hat die katholische Haustradition begründet. Und dann kam ein griechischer Arzt dazu, oder ein keltischer Legionär, ein Graubündner Landsknecht, ein schwedischer Reiter, ein Soldat Napoleons, ein desertierter Kosak, ein Schwarzwälder Flözer, ein wandernder Müllerbursch vom Elsaß, ein dicker Schiffer aus Holland, ein Magyar, ein Pandur, ein Offizier aus Wien, ein französischer Schauspieler, ein böhmischer Musikant – das hat alles am Rhein gelebt, gerauft, gesoffen und gesungen und Kinder gezeugt – und – und der Goethe, der kam aus demselben Topf, und der Beethoven, und der Gutenberg, und der Matthias Grünewald, und – ach was, schau im Lexikon nach. Es waren die Besten, mein Lieber! Die Besten der Welt! Und warum? Weil sich die Völker dort vermischt haben. Vermischt – wie die Wasser aus Quellen und Bächen und Flüssen, damit sie zu einem großen, lebendigen Strom zusammenrinnen. Vom Rhein – das heißt: vom Abendland. Das ist natürlicher Adel. Das ist Rasse. Seien Sie stolz darauf, Hartmann ...«

Gyula Trebitsch ist Fernsehproduzent in Hamburg

Ben Witter

■ Angetippt

Er war schwarz und konnte zwanzig sein, hatte seine Haare kurz geschnitten und hochgekämmt; wie ein Stecknadelfeld sah das aus. Ihm gegenüber auf einem Fensterplatz in der U-Bahn-Linie 2 saß ein Schneeweißer, noch jünger und bekam seine Füße nicht ganz auf den Boden. Die Augen standen weiter auseinander als gewöhnlich, und seine Blicke schienen sich in dem Stecknadelfeld zu verhaken. Der Schwarze verzog die Lippen, und sein Gegenüber stierte auf den Wulst. Aber kein Wort kam raus.

Dann schlug die Stimme des Schwarzen Alarm: »Black, schwarz, o. k.« Der Weiße nickte gleich ein paarmal. Damit wäre das eigentlich erledigt gewesen, nun schien er jedoch erst recht Spaß zu haben. Die Frau neben ihm hielt seine Hand noch fester. Der Schwarze wollte reden, aber seine Worte blieben stecken. Die Frau rückte ein Stück vor und flüsterte, daß ihr Sohn, wie man so sagt, zurückgeblieben sei und nie erwachsen würde. Der Schwarze verstand das nicht und schob sie zurück.

Neben ihm saß einer, der mit seiner Hautfarbe zwischen den dreien war. Die Haare waren glatt gekämmt. In einem Gemisch aus Deutsch und Englisch sagte er zu dem Schwarzen, daß sein Gegenüber Schwierigkeiten hätte, und er klopfte sich dabei gegen die Stirn. Der Schwarze machte die Arme breit wie beim Schwimmen und stand auf. Dieser Schneeweiße zappelte dabei mit Händen und Füßen. Die U-Bahn bremste und ein Mann drängte sich vor.

Er redete von ›Genauer hinsehen und Deutsch lernen und Ruhe bewahren‹. »O. k., o. k.« Woher kam das? Der Weiße da hatte es gestammelt, und es klappte. Die U-Bahn hielt, und der Schwarze war als erster an der Tür. Die Frau winkte. Das konnte er aber nicht sehen.

Ben Witter ist Journalist und Autor in Hamburg

2. Ausländerhaß in Deutschland Reportagen und Analysen

Matthias Matussek

■ Jagdzeit in Sachsen

Mordstimmung im sächsischen Hoyerswerda, die triste Siedlung in der Müntzerstraße feiert. Es ist das erste Fest, seit es die Siedlung gibt.

Frauen in wattierten Bademänteln stehen auf der braunen Grasnarbe. Sie halten ihre Säuglinge im Arm und feixen. Teenager in stone-washed Jeans kreischen. Radios dudeln. Hunde pinkeln. Aus den Fenstern lehnen Männer in Unterhemden auf Kissen. Die Müntzerstraße feiert den Sieg des Mobs.

Alle starren auf den Hauseingang, aus dem dunkelhäutige Menschen mit verstörten Gesichtern ihre Habseligkeiten schleppen. Säcke. Koffer. Kisten. »Guck mal, was die alles haben«, ruft eine magere Frau mit schütterer Dauerwelle.

Die 16jährige Dana, die das mit glänzenden Augen verfolgt und dabei nervös auf ihrer Unterlippe kaut, stößt hervor: »Geschieht denen recht. Die haben Frauen vergewaltigt.« Ihre Freundin setzt hinzu: »Und Schafe geschlachtet.« Und ein Mann in fleckiger Hose: »Die haben sich doch nie gewaschen.«

In Hoyerswerda hat der häßliche Deutsche sein Coming-out. Fünf Terror-Nächte lang haben Halbwüchsige mit Flaschengeschossen, Leuchtspurmunition und Steinen die Asylantenunterkünfte sturmreif geschossen. Nun können die Behörden, die lange tatenlos zugeschaut haben, »die Sicherheit der ausländischen Mitbürger« nicht mehr länger garantieren und lassen evakuieren.

Und die Männer in den Unterhemden? Die Mütter, die braven Bürger Hoyerswerdas? Sie haben sich gefreut. Erst heimlich, dann zunehmend mutiger, schließlich haben sie applaudiert. Jahrelang mußten sie schweigen. Jetzt fließt ihnen der braune Dreck in Strömen heraus. Die letzten Bißsperren sind beseitigt. »Ausländerfotze« brüllt einer.

Unter dem nachlässigen Schutz schmunzelnder Polizisten besteigen rund 150 Rumänen und Vietnamesen die bereitstehenden Verkehrsbusse. Mit Blaulicht setzt sich der Konvoi in Bewegung. Die Menge grölt. Und dann fliegen die Steine.

Tam Le Thanh, ein 21jähriger Junge aus Hanoi, hat einen Fensterplatz. Er hatte in die zähnebleckende Menge hinausgewinkt, krampfhaft grinsend, um seine Angst zu verbergen. Plötzlich verschwindet sein Gesicht hinter einem Netz aus Glassprüngen. In der Scheibe klafft ein häßliches Loch. Tam bricht blutüberströmt im Polster zusammen. »Treffer« brüllt einer aus der Menge. Die anderen applaudieren. Thai Binh, Tams Freund, ruft um Hilfe. Der Fahrer startet durch. Nur weg hier.

Exodus. Eine armselige Karawane, die da an düsteren Blocks vorbei in die Nacht hinausfährt: drei Busse und zehn Schrottautos, die sich die rumänischen Asylbewerber zusammengeflickt haben. Da ist Jovan aus Bukarest in seinem klappernden Scirocco, Capo und seine Roma-Familie in einem Kleinbus der »Behinderten-Hilfe Offenbach«. Und all die anderen in den Bussen, die Frauen, die Mütter mit ihren Kindern, George aus Ghana und der blutende Tam.

Ihre Vertreibung ist die erste Schlacht, die deutsche Lumpenproleten gegen die noch Ärmeren gewonnen haben. Kaum einer der Vertriebenen paßt in das Klischee verfolgter politischer Aktivisten. Sie reden nicht über politischen Terror, sondern über das Elend in ihrer Heimat. Es ist eine bunt zusammengewürfelte Truppe: Verfolgte, junge Abenteurer, verzweifelte Familienväter, kleine Gauner, arme Schweine. Sie kamen in der Hoffnung auf das große Los im Land der Mercedes-Sterne. Und sie landeten in Hoyerswerda.

In dieser Nacht ist Hoyerswerda überall. Wo immer ein später Kneipenbesucher in den verschlafenen Dörfern am Straßenrand steht, grüßt er die Busse mit dem Mittelfinger. Und überall wird jetzt Randale gemeldet. Hoyerswerda war ein Anfang.

Jovan kaut an seinem Bart. Er möchte nur eines: endlich Ruhe. Er erzählt vom rumänischen Steinzeit-Diktator Nicolae Ceauşescu. »Wenn den einer vor zehn Jahren abgeknallt hätte«, sagt er und stiert auf die Landstraße, »dann würde ich jetzt nicht diesen Bussen hinterherfahren.«

Immer wieder gerät die Karawane ins Stocken. Panik bricht bei den Asylanten aus, als das Gerücht die Runde macht, sie würden über die nahe Grenze abgeschoben. Ein Rumäne droht sich und seine fünf Kinder umzubringen. Ist es denn drüben tatsächlich schlimmer?

Nach zwei Stunden Fahrt in den Süden, kurz vor Pirna, hält der Konvoi. Endlich wird ein Rettungswagen herbeigerufen, der den verletzten Tam zu einer Augenärztin bringt.

»Das sieht schlimm aus«, murmelt sie und telefoniert mit dem Klinikum Dresden. Dort weigert sich das Personal, den Vietnamesen aufzunehmen. Da müsse erst eine ordentliche schriftliche Genehmigung her. Wer überhaupt ist der Kostenträger? »Das Auge ist perforiert«, stöhnt die Ärztin, »da stecken Glassplitter drin.« Nach längeren Verhandlungen gibt Dresden grünes Licht.

Doch für die anderen hält der Horror an. Fliehen zermürbt. Und in dieser Nacht besonders, einer historischen Nacht, in der deutscher fremdenhassender Mob nach langer Zeit wieder einmal siegte. Während die Vietnamesen in ein geheimes Lager in den Bergen gebracht werden, soll ein Teil der Rumänen in einem nahen Ausländerheim Quartier machen.

Müde, mit steifen Gliedern steigen sie aus ihren Fahrzeugen. Doch die Hölle ist überall: Die Barackentür fliegt auf, ein Mann mit blutenden Unterarmen steht dort und brüllt. Raschid, der Marokkaner, hat Krach mit einer Zigeunergang. Es geht um Jina, die für 300 Mark verkauft werden sollte. Vendetta um Mitternacht. »Mein Gott«, stöhnt der Rumäne Szabo, »da lasse ich meine Kinder nicht hinein.«

Nun fahren sie zu den anderen in eine ehemalige Jugendherberge, die jetzt aus den Nähten platzt. Matratzen werden auf dem Boden verteilt. Und in der Herbergsküche steht Frau Goll und verteilt Brot und Wurst. Früher war Renate Goll einmal CDU-Bürgermeisterin. Jetzt kümmert sie sich um Asylanten. Immerhin hat sie nun einen Job. Die Wende, sagt sie, war für sie nicht nur Sekt.

In dieser Nacht ist sie wie ein Fels in der Brandung. Sie schlichtet Streit, kocht Milch für die Säuglinge, verteilt die Betten. Ihr Rassismus ist von der gemütvollen Art. Den Inder hält sie für einen »Schleicher« und den Rumänen für »undurchsichtig«. Der Neger tanzt gern, »das liegt bei dem im Blut«, und der Algerier feiert Orgien. Abdullah war so einer. Sie kichert. »Ich dachte immer, der lädt mich mal ein.«

Daß der Treck der Verzweifelten aus Hoyerswerda nun bei ihr gelandet ist, das hält sie für »ganz entsetzlich«. »Haben die Unsrigen eigentlich vergessen, daß sie selbst mal Asylanten waren, vor zwei Jahren, als sie nach Ungarn türmten?«

Gegen zwei Uhr nachts erscheint die Kommunalpolitik, erscheint Landrat Hans-Jürgen Ebers mit grauem Trenchcoat und grauem Gesicht. Noch mehr Asylanten in der Stadt – ein Sprengsatz. Es sind bereits die ersten Morddrohungen gekommen. Sein Parteikollege, der sächsische Innenminister Rudolf Krause, hat vorgeschlagen, die Heime mit Zäunen zu sichern. »So ein Zaun kostet 12 000 Mark, wenn er was taugen soll. Und wer genehmigt mir die Ausgaben?« Ausländerpolitik hat viele unerwartete Facetten in Sachsen.

Und sie greift weit über Pirna hinaus. Der Ausländerbeauftragte des Kreises ist ein Mann, der globale Zusammenhänge zu erkennen versteht: »Wir hatten mal einen Mauretanier hier«, sagt er. »Das liegt daran, daß die Sahara vorrückt. Deshalb fliehen die nach Norden.«

Die Wüste droht von Süden, die Armut droht von Osten, und Sachsen ist so klein. Doch dieser Tag, der erst ein paar Stunden alt ist, ist ein guter Tag für den Ausländerbeauftragten. Zwei junge Rumänen aus dem anderen Lager wollen zurück in ihre Heimat. In einer kleinen Feierstunde im Büro erklärt er, daß er »den Wunsch der beiden rumänischen Mitbürger nach Rückverbringung selbstverständlich respektiere«, und er bekämpft die aufsteigende Rührung mit Verwaltungsdeutsch. Die beiden Rückkehrer können gleich ein drittes Problem für ihn mitlösen: Sie sollen den 14jährigen Aurel wieder nach Hause bringen. Den hatte sich nämlich »ein homosexueller ostdeutscher Mitbürger« in einem rumänischen Dorf gekauft und über die Grenze zu schmuggeln versucht – das Geschäft mit dem Elend blüht.

Und die Vertriebenen aus Hoyerswerda? »Die wollen nach Chemnitz weiter«, sagt der Ausländerbeauftragte, »und ich werde auch diesen Wunsch selbstverständlich respektieren.« Er klingt erleichtert. Natürlich hat sich herumgesprochen, wo die Flüchtlinge untergebracht wurden. Jagdzeiten in Sachsen.

Das Jagdrevier Hoyerswerda, dieser steingewordene Reißbrett-Traum realsozialistischer Kaninchenzüchter, eine vor 30 Jahren erbaute Kunststadt für die Arbeiter des Energiekombinats »Schwarze Pumpe«, grüßt seine Besucher auch am Tage danach mit einem braunen Holzschild am Ortseingang: »Willkommen in Hoyerswerda«.

Willkommen in den Neubauslums, willkommen in den zehn Wohnkomplexen mit ihren drei Kneipen und Schließfächern für

70 000 Menschen, wo die Kriminalitätsrate und die der Selbstmorde einsame deutsche Spitze sind. Willkommen in einem bösartigen, häßlichen, dumpfen Alltag, der bösartige, häßliche, dumpfe Menschen stanzt.

Im Rathaus bemüht man sich, nach den düsteren Bacchanalen der vergangenen Nächte, wieder zu diesem Alltag überzugehen. Die Lokalpolitiker bedauern nicht die Vertreibung von 230 Ausländern, sondern die »negativen Schlagzeilen«. Schuld trägt die »Sensationspresse«. Alle Fraktionen haben diese Peinlichkeit unterschrieben, auch die SPD, auch die Grünen.

Gleich hinter der umkämpften Müntzerstraße im Wohnkomplex 9 liegt die Pablo-Neruda-Schule. Man kennt sie hier nur als »die Achtzehn«, es ist die 18. Schule, die errichtet wurde. »Die Achtzehn« – das klingt wesentlich angemessener in Hoyerswerda als Pablo Neruda.

In der zehnten Klasse sitzen Dana und ihre Freunde und haben Gesellschaftskunde. Sportlehrer Pedro Liebsch, 26, hat das Fach übernommen, weil sich sonst keiner traut. Und er braucht ohnehin ein Zweitfach, um im neuen Schulsystem unterzukommen. Thema an diesem Tag: »Friedenssicherung«, Aussprache über die »verschiedenen Formen der Gewalt«.

Auf die Reporterfrage, wer denn stolz darauf sei, daß die Asylanten nun aus der Stadt vertrieben worden seien, fliegen alle Hände in die Höhe. Für sie ist das Problem »bereinigt«. Friedenssicherung à la Hoyerswerda.

Allerdings hat sich in den Milchgesichtern, die in der Nacht zuvor noch so eifrig strahlten, eine merkwürdige Verdrossenheit eingegraben. Und als Dana ein paar Stunden später auf einer Matratze in der Zwei-Raum-Wabe hockt, in der sie mit ihrer Mutter lebt, wirkt sie wie eine Gefangene. Die letzten Tage waren ein Fest – und jetzt ist wieder nichts los. Da war dumpfe Gemeinschaft. Nun ist sie allein, und Hoyerswerda stürzt auf sie zurück.

Das Zimmer ist mit Ausländern tapeziert. Mit Rockstars auf *Bravo*-Postern – sie hat eine Schwäche für mediterrane Typen. Ihre Mutter sitzt vor dem Fernseher und büffelt Soziallehre – sie will sich zur Einzelhandelskauffrau umschulen lassen. Die Beihilfe dafür liegt über den Sozialhilfe-Sätzen. »Wäre ja blöde, wenn ich das nicht mitnehmen würde«, sagt sie. Auch sie ist erleichtert, daß die Ausländer nun weg sind: »Die haben doch nur auf unsere Kosten gelebt.«

Über dem Dürer-Bild aus dem Kaufhaus, das zur Auslegeware paßt, schummert eine rote Stofflampe. Danas Mutter sieht müde aus, lethargisch. »Soziale Schichten«, liest sie aus einer Kladde. »Es gibt: Oberschicht, obere Unterschicht, mittlere Mittelschicht, untere Mittelschicht, obere Unterschicht, untere Unterschicht, sozial Verachtete.«

Sie paukt diesen sinnlosen Quatsch so wie früher »Solidarität« und »Völkerfreundschaft«. Allerdings war das mit den Schichten früher weniger kompliziert. Da gab es nur zwei: die Bonzen und den Rest.

In welche Schicht sie sich selber einordnen würde? »Na, ganz unten, in die sozial Verachteten«, entfährt es ihr spontan. Dann schwankt sie: »Nee, das sind wohl mehr die Ausländer.« Irgendwie sind die Unterschiede minimal. Aber deutsch ist sie auf alle Fälle. Und das macht einen Riesen-Unterschied.

Sie hat Dana allein aufgezogen. Früher ging das ja noch, mit all den Kindergärten. Morgens um fünf hat sie ihre Tochter abgeliefert und nach der Arbeit abends wieder abgeholt. Und jetzt ist sie fast erwachsen.

Plötzlich ruft Dana, die sich vor den Fernseher gekauert hat: »Mama, das bin ja ich.« In der Teenagersendung »elf 99« läuft ein Bericht vom Vorabend. Die verschreckten Gesichter, die Pfiffe, die Polizisten, die ungerührten Sprüche über »stinkende Ausländer« – Bilder einer auch seelischen Katastrophe. Und die Mutter sagt stolz: »Na, jetzt wirst du vielleicht für den Film entdeckt.«

Nun springt Dana auf. Es könnte doch noch ein guter Abend werden. Sie will noch ins HBE, ins »Haus der Berg- und Energiearbeiter«, wo sie ihre Freunde treffen kann. Manja und Tschabo und Ramona – exotische Namen waren beliebt in der abgeriegelten, eingemauerten, ausländerhassenden DDR.

Früher war das HBE ein Bonzenhaus. Nun ist das Restaurant geschlossen. Ab und zu erlebt der Festsaal noch dünne Veranstaltungen. Der Jazzer Peter Herbolzheimer hatte sich hierher verirrt. Von den 800 Plätzen waren 50 belegt.

Nun wird die Halle für einen Benefiz-Abend hergerichtet. Für die Kinder von Tschernobyl soll das HBE-Ballett »Aschenputtel« tanzen, und im *Hoyerswerdaer Wochenspiegel*, dem Anzeigenblatt, wird für die gute Sache geworben: »Da das Leben in der radioaktiven Zone nicht ungefährlich ist, wird angestrebt, daß sich die Kinder jährlich zwei bis drei Monate im Ausland aufhalten können.«

Zunächst aber treffen sich die verstrahlten Kinder von Hoyerswerda, denen der Fremdenhaß das Blut vergiftet hat und denen jährlich zwei bis drei Monate Ausland guttun würden, im Jugendklub im Erdgeschoß. Ein gähnender trister Riesensaal mit schwindsüchtigen Drahtstühlen auf Linolparkett.

Ziellos läuft ein zwölfjähriges blasses Mädchen im ledernen Fransenhemd durch die Halle und boxt sich mit ihrer zierlichen Faust in die Handfläche. Das hat sie bei den Großen abgeguckt, die am Tresen stehen und Billigbier in sich hineinschütten.

Sven, der Lederrocker, der fünf Jahre Knast hinter sich hat, unterhält sich mit ein paar »Glatzen«, den Skins in Ballonjacken. Die Bullen haben ihm die Knarre weggenommen. Und dann haben sie ihn im Wald ausgesetzt. Egal: »Wir sind die ersten in Deutschland, die es geschafft haben, das Gesocks zu verjagen.«

Sven ist stolz auf Deutschland. Weswegen? »Na wegen der Dichter und Denker«, kommt die verblüffende Antwort. An welche er dabei denkt? Ihm fällt auf Anhieb keiner ein. Ein Mädchen ruft: »Bert Brecht!« Allgemeine Heiterkeit. »Den hamwer in der Schule gehabt. War son Kommunist. Wie die anderen.«

»Meine Eltern waren auch in diesem verlogenen Schweinehaufen«, sagt ein schmaler Teenager, über dessen Brust das T-Shirt »Deutschland einig Vaterland« in Fraktur knittert, »die würde ich dauernd auf die Schnauze hauen, wenn das nicht meine Eltern wären.« Doch seltsam: All diese Rotzsprüche klingen an diesem Abend lustlos. Wie routinierte Nachhutgefechte – die Kampfstimmung fehlt. Dana macht sich auf den Weg nach Hause.

Eine neue Nacht senkt sich über Hoyerswerda, das nun wieder still ist und nur noch sich selbst zum Feind hat. Schwarze Häuserschluchten, menschenleere Straßen.

Zwischen den Silos schimmert ein Neon-Würfel mit dem Schriftzug »Tropic Sun«. Reklame für ein Bräunungsstudio. Gegenüber, in der Schweitzer Straße, huscht Angelo aus Mosambik mit einem Koffer aus dem Hauseingang. Seit acht Jahren wohnt er hier. Hier, bei den Gastarbeitern der alten DDR-Regierung, begannen die Krawalle.

Angelo traut sich erst nach Einbruch der Dunkelheit zu seiner deutschen Freundin. Er hat Angst. Um sie. Nächste Woche wird er nach Magdeburg ziehen. Dann haben alle Gastarbeiter Hoyerswerda verlassen.

Ein Rentner aus dem Nachbarhaus, der seinen Dackel pinkeln

läßt, sieht den schwarzen Angelo und zischt, mit gesenktem Blick: »Diese Preßkohle sollte man erschießen.« Es ist eine leise, erstickte Verwünschung. Die Krawalltage sind vorbei. Nun wandert die Wut wieder nach innen, in tiefere Schichten – die Wut über ein verpfuschtes Leben und eine Strafkolonie namens Hoyerswerda.

Das einzige Lokal, das hier nach zehn Uhr abends noch geöffnet hat, heißt »Taverne«. Eine Bar mit Nischen aus Cordsamt und dunkelbraunen Rosen auf hellbraunem Grund, ganz im Schick der fünfziger Jahre. An der Bar stehen schmerbäuchige Männer mit Schlüsselbunden, die vom Gürtel baumeln. Drei blonde Verkäuferinnen studieren die Getränkekarte, die »Kiwi Queen« bietet und »Banana Tonic«. Wer behauptet denn, daß Hoyerswerda keine Schwäche für ferne Länder hat?

Und humanistische Bildung hat es erst recht. Die Getränkekarte, die noch aus den alten Zeiten stammt, hat sich das kulturelle Erbe mit einem Goethe-Zitat angeeignet: »Der Wein erfreut des Menschen Herz, und die Traurigkeit ist die Mutter aller Tugenden.«

An einem Tisch an der Tanzfläche sitzt ein bärtiger Mann und stiert ins Glas. Die Frau neben ihm schaut stumm aufs leere Parkett, das die flackernden roten und grünen Lichter reflektiert. Aus den Boxen dröhnt: »Ich fühl' wie du.«

So sehen Sieger aus.

Wolfgang Gehrmann, Kuno Kruse, Reiner Scholz, Eberhard Seidel-Pielen

■ Vereint im Fremdenhaß

Hoyerswerda überall. Kaum waren die Ausländer unter Polizeischutz am johlenden Mob vorbei aus der sächsischen Elendsstadt gerollt, da räsonierten die Leitartikler, der flammende Fremdenhaß sei wohl nicht nur in der desolaten Ostprovinz denkbar. Erklärungsmuster waren schnell zur Hand: Arbeitslosigkeit, Wohnmisere, wirtschaftliche Hoffnungslosigkeit. Doch was dann geschah und seither geschieht, hätte niemand für möglich gehalten: Allerorts brennen Wohnheime, werden Ausländer überfallen und randaliert der rechte Pöbel. Gerade erst als zivilisatorisches Defizit im SED-geprägten Beitrittsgebiet analysiert, hat sich der Rassismus über Nacht zum bundesweiten Flächenbrand entwickelt. Wochenende für Wochenende, Nacht für Nacht immer neue Schreckensmeldungen. Ein Jahr nach der Vereinigung, so scheint es, haben sich Deutsche in Ost und West wenigstens in einer Parole wiedergefunden: Ausländer raus. In der vereinten Republik droht der demokratische GAU.

Bonns Politiker haben den Alarm beinahe verschlafen. Zwei Wochen dauerte es, bis sie in Bewegung kamen. Zwar setzte der Bundestag am 25. September rasch eine aktuelle Stunde zu Hoyerswerda an. Vor dem Parlament äußerte Innenminister Wolfgang Schäuble pflichtschuldigst »Sorge und Scham«. Der freidemokratische Innenpolitiker Burkhard Hirsch brillierte mit einer couragierten Rede: »Pogrome beginnen im Kopf.« Im Bundesrat stritten Joschka Fischer und Kurt Biedenkopf, ob die Ausschreitungen in Hoyerswerda überhaupt ein Pogrom zu nennen seien. SPD-Fraktionschef Hans-Jochen Vogel hielt für das Gebot der Stunde, sich mit FDP-Chef Lambsdorff und dem Kanzleramt um eine einvernehmliche Verurteilung der Exzesse zu bemühen – als hätte sich das nicht von selbst verstanden.

Doch erst am Dienstag nach der Landtagswahl von Bremen – die rechtsradikale DVU-Politiker mit sechs Prozent der Stimmen in die Bürgerschaft brachte – ließ sich der erste Volksvertreter von Rang in einem Asylbewerberheim blicken. CDU-Sozialminister Norbert Blüm tauchte – begleitet von staatlichem Pressetroß – in einer Unterkunft in Bad Honnef auf, deren Fenster in der Nacht zuvor zerschossen worden waren, und reckte seinen von der braunen Babyfaust eines Afrikanerkindes putzig umklammerten Zeigefinger in die Kameras. Brandenburgs Ministerpräsident Manfred Stolpe zeigte sich zeitgleich bei Asylanten in Cottbus. Während nun täglich Politikerprominenz bis hin zum Bundespräsidenten Richard von Weizsäcker in Wohncontainern, Herbergsschiffen und aufgelassenen Schulgebäuden medienwirksam Solidarität mit Ausländern übt, fliegen anderswo weiter Brandsätze und Steine auf Kinderbetten, werden Ausländer auf offener Straße niedergestochen.

Was ist los in Deutschland? Panik auf der rasanten wirtschaftlichen und moralischen Talfahrt im Osten? Angst vor Wohlstandsverlusten und D-Mark-Verfall im Westen? Die Wiedervereinten sind im Streß, der sie einfachste Regeln der Demokratie vergessen läßt. »Rechtsextreme Orientierungen sind tief in den deutschen Alltag gesickert«, konstatiert der Bielefelder Sozialforscher Wilhelm Heitmeyer.

In der traditionellen SPD-Hochburg Bremerhaven feiert der auferstandene Geist alter Kameraden bereits politische Erfolge. Genau 10,26 Prozent der Bremerhavener wählten am 28. September die stramm rechte Deutsche Volksunion (DVU) des Herausgebers der *Nationalzeitung*, Gerhard Frey. Sein Slogan: Bremerhaven muß wieder deutsch werden. Die Kandidaten wirkten eher grau als braun, keiner kannte sie. Die Plakate mit den groben Postulaten waren um so deutlicher und groß genug. Die ausländerfeindlichen Parolen wurden verstanden, denn auch die CDU hatte die Asyldebatte zum Wahlkampfthema gemacht. Vor allem die Jugendlichen folgten den alten Strickmustern. Jeder fünfte männliche Bremer unter 24 Jahren stimmte für Freys Kandidaten. Das ist kein Sonderfall mehr. Auch bei der »Republikanerwahl« 1989 in Berlin hatte jeder fünfte männliche Erstwähler für die Rechtsausleger votiert. In Niedersachsen zogen am Wochenende ebenfalls Republikaner in Stadtparlamente ein.

In einer Betonlaube, die als Autonummernpresse ausgedient hat, sitzen zwischen Sperrmüll, Regalschienen, Leitz-Ordnern und im Zigarettenqualm die Bremerhavener Wahlsieger. Die DVU-Kreisvorsitzende Marion Blohm, eine alterslose Hausfrau mit blonder Dauerwelle, roter Bluse und einer Vorliebe für Goldschmuck und Filterzigaretten, will nun, »daß die sozialen Hilfen endlich wieder zu den Deutschen kommen«. Das Pogrom von Hoyerswerda aber, sagt die DVU-Politikerin, habe sie »entsetzt und traurig gemacht«. Da, fordert so, müßte durchgegriffen, jeder Krawallmacher bestraft werden. »Der einzelne Asylant kann doch nichts dafür. Die Politiker sind verantwortlich.«

Den Artikel 16 des Grundgesetzes aber will Marion Blohm nicht abgeschafft sehen: »Unsere Verfassung ist die beste der Welt, daran braucht nichts geändert zu werden.« Nur die Verfahren, fordert sie, müßten schnell durchgezogen werden.

Die »Scheinasylanten« waren denn auch ihr Wahlkampfschlager. Ein anderes Stichwort: Wohnungsnot. Will sie den Wohnungsmarkt verbessern? »Daß keine Wohnungen da sind, hängt ja auch wieder mit den Ausländern zusammen«, sagt Marion Blohm. Aber daß sie niemand mißverstehe: Gegen Italiener, Türken und Griechen, vor allem auch die Gaststätten, habe sie nichts. »Das sind doch Minderheiten.« Die Asylanten seien das Problem.

Tatsächlich liegt der Ausländeranteil in Bremerhaven bei zwölf Prozent, die Zahl der Asylbewerber aber beträgt nicht einmal ein Promille. Rund 11 000 Ausländer leben in der Stadt. An die 3900

Asylaspiranten sind in den vergangenen fünf Jahren nach Bremerhaven gekommen, 3100 wieder zurückgegangen. Die Asylbewerber belegen kaum Wohnungen, sondern Sammelunterkünfte.

Zum Beispiel im Leher Bahnhof, heute nur noch eine unbedeutende Haltestation. Das Gebäude wurde verkauft. Ein Discount-Markt, ein Blumenladen und ein Imbiß zogen ein. Die Büroräume im Obergeschoß wurden in Appartements umgewandelt und als Asylbewerberunterkünfte an das Sozialamt vermietet. Die Fremden fallen kaum auf. Darauf achtet auch die Sozialbehörde, kontrolliert Hygiene und Müllanfall in der Sammelunterkunft. »So daß es keinerlei negatives Erscheinungsbild gibt«, sagt der Leiter der Sozialbehörde Günter Lemke.

Dennoch, der Anteil der DVU-Wähler lag rund um den ausgedienten Bahnhof bei deutlich mehr als zehn Prozent, genau wie im »Legoland«, wie die großen Wohnblocks in Nordosten der Stadt von den Bremerhavenern genannt werden. Unter den 20 000 Einwohnern des Stadttrabanten Leherheide leben Asylbewerber – genau 170.

Leherheide ist kein Großstadtslum, kein Marzahn, keine Gropiusstadt und keine Pariser Banlieue. Die Bürgersteige sind gefegt, vor den Fenstern hängen frische Gardinen, die für solche Großstadtsiedlungen charakteristischen Zeichen von Vandalismus muß man suchen. Die DVU hat diesen Stadtbezirk der sozial Schwachen aber mit Erfolg zu einem Schwerpunktgebiet für ihren Propagandafeldzug gemacht. »Die Arbeiter dort wollen ihre Rechte vertreten sehen«, erklärt sich Marion Blohm ihren Wahlerfolg, »und keinen multikulturellen Staat.«

Die Vertreter der anderen Parteien, »mit ihrer Schulbildung«, redeten selbstherrlich an den Menschen vorbei, fällt Mitkandidat Peter Zellmer, einem langhaarigen Milchbart in Blaumann und Seemannspullover, ein: »Wir aber sprechen ihre Sprache.« Nur der richtige Akzent fehlt noch. Einen Tag vor der Maueröffnung war der fünfundzwanzigjährige Ofenbauer im Strom der vielen anderen über die Grenze aus der zerfallenden DDR gekommen.

»Das ist kein Strohfeuer«, warnt der Bremerhavener SPD-Politiker Christian Bruns davor, den Erfolg der DVU als einmalige Protestwahl einiger Randständiger herunterzuspielen, »die Hälfte der Wähler fühlt sich durch die etablierten Parteien nicht mehr vertreten.« Von 100 000 Stimmberechtigten gingen diesmal nur 63 000 zur Wahl. Vor allem in den Arbeiterbezirken blieben die traditionellen SPD-Wähler zu Hause. Grüne und FDP haben prozentualen Verbesserungen zum Trotz absolut an Stimmen verloren. Nur die CDU, die sich in ihrem Asylrechts-Wahlkampf allenfalls graduell von der DVU unterschied, hat zugelegt: Magere 600 Stimmen in ganz Bremerhaven.

Das Bedenkliche an der Wahl in Bremerhaven und Bremen, stellten die Wahlforscher Peter Altvater und Jürgen Dinse vom Statistischen Landesamt fest, ist ihre allgemeine Trendaussage. In der Wahlgeschichte der Bundesrepublik zeichneten sich oft in den norddeutschen Städten Entwicklungen ab, die später auch anderswo nachvollzogen wurden.

Für Jürgen Dinse ist die Wahl rechtsextremer Parteien ein »Hilferuf« der beim wirtschaftlichen und sozialen Fortschritt Zurückgelassenen. Rechts außen wurde vor allem in Wohngegenden gewählt, wo der höchste Schulabschluß die Hauptschule ist, viele Arbeitslosengeld und Sozialhilfe beziehen und man zur Miete wohnt. Furcht vor gesellschaftlicher Isolation sei dort ein entscheidendes Motiv für den Wahlerfolg der Rechtsextremisten, sagt Wahlforscher Dinse. Die Menschen in diesen Stadtvierteln fühlten sich durch den Fortzug von Statushöheren und der anschließenden Konfrontation mit ausländischen Einwohnern allein gelassen.

Was dort aufging, war die Saat der ellenbogenstarken Yuppie-Gesellschaft. Zehn Jahre Wirtschaftsaufschwung in den alten Bundesländern haben eine ausreichend große Zahl von Menschen zurückgelassen, die relativ an Lebenschancen eingebüßt haben. Irritiert nehmen diese Schichten den davoneilenden Reichtum der Besserverdienenden wahr. Und von unten sehen sie die Armutsflüchtlinge aus dem Rest der Welt anrücken. Leicht werden sie da des Strebens nach ökonomischem Erfolg überdrüssig. Man sucht nach Identifikation: Man ist schon wer, nur weil man Deutscher ist. Für die Menschen im Osten ist das »Deutsch«-Sein ohnehin der einzige Wechsel, den sie noch im Westen glauben einlösen zu können. Nach dem Wirtschaftskollaps begründet gemeinsame deutsche Geschichte auch einen Versorgungsanspruch.

Triumphzug der Vereinten

Hajo Funke, Politikwissenschaftler am Otto-Suhr-Institut in Berlin, sieht in einer aktuellen Studie als Ursache für Ausländerhaß und rechtsextreme Wahlerfolge einen ausgrenzenden Nationalismus, erweckt durch die Inszenierung der Wiedervereinigung. Metaphern wie »Stunde Null« und »Ende der Nachkriegszeit« hätten ein überraschendes Paradox geschaffen: »Die Rückkehr zur deutsch-deutschen Identität auf der Grundlage der deutschen Geschichte und einer Abwendung von eben dieser Geschichte, jedenfalls der, die als eher problembeladen und die Identität gefährdend erscheint.«

Mit dem Triumph der Deutschen begann die Ausgrenzung der Nichtdeutschen. Als im Sommer 1990 aufgeputschte Fans auf dem Berliner Kurfürstendamm die Fußballweltmeisterschaft mit schwarzrotgoldenen und Reichskriegsflaggen feierten, schlugen sie Schwarze krankenhausreif, jagten Vietnamesen durch Ostberlin und griffen polnische Händler an.

»Freie Fahrt Deutschland«, titelte die *Bild*-Zeitung zur Währungsunion. Im Wahlkampf regnete es nationale Symbolik. Nicht menschliche, sondern »nationale Solidarität« klagte Bundeskanzler Helmut Kohl bei den Deutschen ein, als leisteten nicht auch ausländische Arbeitnehmer ihren Steuerbeitrag zum Aufschwung Ost. Kanzlerpathos (»Gott segne unser deutsches Vaterland«) auf der einen und soziale Ängste auf der anderen Seite provozierten ethnozentrische Ausgrenzungen. Durch die ökonomische Aufladung des Nationalgefühls, so Funke, zog gerade im Osten die wirtschaftliche Enttäuschung die nationale mit sich und legte nationalistisch kompensatorische Reaktionen nahe. Bei der in Deutschland besonders ausgeprägten Neigung zur Selbstüberschätzung, warnt auch der Gießener Sozialpsychologe Horst Eberhard Richter, würden als vermeintliche Ursachen für Krisensituationen von außen hereingetragene Probleme ausgemacht. Er sieht ein klassisches sozialpsychologisches Sündenbock-Muster: »Man unterschätzt, was da an tabuisierter Ressentimentideologie in der Verdrängung lebendig geblieben ist.«

Inzwischen streiten Meinungsforscher und Sozialwissenschaftler, wo die Ausländerfeindlichkeit ausgeprägter ist, in Ost oder West. Denn ehe westdeutsche Rechtsextreme nachstießen, liefen in Hoyerswerda die Spießer Amok.

Die sächsische Kleinstadt steht seither dafür, wie schnell offensichtlich rechtsextreme Ausschreitungen einer besoffenen Minderheit durch die Sympathie größerer Bevölkerungsgruppen zum Pogrom werden können. Erstmalig in der neuen deutschen Geschichte beklatschten und ermutigten Hunderte von Schaulustigen den jugendlichen Mob, der mit Stahlkugeln, Molotowcocktails und Steinen Jagd auf Ausländer machte.

Zwanzig Jahre lang hatten Deutsche ihren ausländischen Nachbarn mit zunehmendem Unverständnis und wachsendem Ressentiment zugesehen. Man wohnte zwar nach Hauseingängen säuberlich getrennt, in Wirklichkeit aber wie in Reihen-Wohntürmen unmittelbar nebeneinander, Platte an Platte. Wenn die Ausländer feierten, die Lebensfreude und Musikliebe der Afrikaner hatten dem tristen DDR-Alltag bis zuletzt widerstanden, hörten es alle Nachbarn. Beschwerten sie sich bei der Polizei, was regelmäßig vorkam, durften die Ordnungshüter, dem »proletarischen Internationalismus« verpflichtet, kaum einschreiten. Ausländer aus Übersee, in Hoyerswerda vor allem Vietnamesen und Mosambikaner, galten als privilegiert. Obwohl in Ost-Mark bezahlt, verfügten sie dennoch über Westgeld. Etliche durften nach drüben reisen, und der Ost-Bürger ertrug nur schwer, daß die »Fidschis« (Gassenjargon für Vietnamesen) die Video- und Radiorecorder besaßen und verkauften, von denen Ossis träumten.

Die Neue Deutsche Ordnung

Der exotische Charme der jungen Männer aus Übersee war für viele Ost-Kerle nur schwer zu ertragen. Darüber hinaus zogen die Ausländer Frauen an, die »es« gern für (West-)Geld machten. Die Fremden verwirklichten in ihrem Leben vieles, wovon die deutschen Nachbarn nur träumten. Vor einem möglichen Ausbruch offener Feindseligkeiten warnten Soziologen schon lange.

Neonazis waren dafür nicht nötig. In Hoyerswerda finden sich an den Wänden kaum Hakenkreuze. Die in Cliquen organisierte Skinhead-Szene, vielleicht 150 Jugendliche, ist wohl rechtsextrem, nicht aber neonazistisch. Noch nicht! Ihre Heimat, die ihnen die unwirtliche Ansammlung von Plattenbauten nicht bietet, heißt: »Deutschland.« Jan (20), einer ihrer intellektuellen Führer, ist ein moderner Rechtsradikaler mit adrettem schwarzen Schlips und hellbraunem Hemd. Er ist ein gewinnender Typ, Schwiegermütter hätten ihre Freude an dem Jungen. Jan gehört keiner der zahlreichen rechtsextremen Organisationen an: »Die Neonazi-Gruppen aus Dresden, wie die ›Gorbitzer Kameradschaft‹, kamen her und forderten als erstes, wir sollten uns ihrem Führungsanspruch unterwerfen. Das haben wir aber abgelehnt.«

Wie in anderen Teilen der DDR gab es auch in Hoyerswerda schon in den achtziger Jahren eine jugendliche regimeoppositionelle Punk-Bewegung. Sie war hier klar rechts. Jan gehörte dazu.

Aus der rechten Punkszene gingen die jetzigen Skin-Cliquen hervor, gewalttätig nicht erst seit heute. Schon 1990 wurde nach der Maifeier ein Ausländerwohnheim angegriffen, ein Mosambikaner krankenhausreif geschlagen, über dreißig Fensterscheiben gingen zu Bruch, und – es liest sich in der Lokalzeitung wie das Geplänkel zur jüngsten Schlacht – »1500 Schaulustige standen dabei und spendeten vereinzelt Beifall«. »Ausländer raus«, unter dieser Parole trafen sich schon damals die Interessen einer immer randalebereiten rechtsextremen Jugendbewegung – Schüler, Lehrlinge und Jungarbeiter – mit denen von Bürgern, die ihren gesellschaftlichen Abstieg im großen Deutschland fürchteten.

Der alte Staat ist in sich zusammengebrochen, eine neue demokratisch legitimierte Autorität läßt sich nicht blicken. Die Polizei ist hoffnungslos unterbesetzt und unfähig. Dieses Vakuum an Macht und öffentlichem Engagement füllen derzeit in etlichen Städten der Ex-DDR rechtradikale Bürgerwehren. Die in Hoyerswerda firmiert programmatisch als »Neue deutsche Ordnung« (NDO). Chef Manni Gnecko (30), dessen Rundumtätowierung ihn als ehemaligen DDR-Häftling ausweist, befehligt eine gefürchtete Feierabendtruppe von drei Dutzend Möchtegernsheriffs. Mit ihren CB-Funk-Autos kreuzen sie nachts durch die Stadt, um für (Un-)Sicherheit zu sorgen. Die NDO kutschiert ängstliche Bürger nach Hause, kontrolliert Personalien von Passanten, die ihr verdächtig erscheinen, schnappt wirkliche oder eingebildete Kleindiebe, Vergewaltiger, Störenfriede, die sie der Polizei übergibt. Die Ortspresse begrüßte anfangs den Einsatz der vermeintlichen Saubermänner, bis die Polizei bei ihnen ganze Waffenarsenale fand.

Jetzt erklärt Chef Gnecko die NDO, nachdem viele Mitglieder bei den ausländerfeindlichen Schlägereien kräftig mitgemischt haben, offiziell für aufgelöst. Doch aus der Zentrale wird heftig weitergefunkt in die Hoyerswerder Nacht: »Hier Papa Charly, kannst du Person um 23.30 Uhr an der Taverne abholen? – Kommen!« Parastaatliche Schwadronen wie diese entsprechen vor allem einem Gefühl: Wir müssen uns selbst helfen.

Mitmarschieren und draufhauen

Dieser Stimmung einer nicht zu kontrollierenden Selbstjustiz geben die Politiker Nahrung. In Hoyerswerda zeigte sich keiner von ihnen öffentlichkeitswirksam vor dem Asylbewerber- oder dem Ausländerwohnheim, obwohl dort ganz offensichtlich die gerade errungene Demokratie zur Disposition stand. Landrat Wolfgang Schmitz (CDU) ließ durchblicken, daß er von Ausländern auch nicht viel hält. Sachsens damaliger Innenminister Rudolf Krause (CDU), der auf dem Höhepunkt der Auseinandersetzung eine in Dresden bereitstehende Hundertschaft Polizei nach Hause schickte (»Es gibt keine rechtsextreme Szene in Sachsen«), empfahl von seinem Schreibtisch aus die »Umzäunung« des Geländes. Aus Bonn ließ sich erst recht niemand sehen.

Die Nerven der Menschen im Osten liegen blank. Etwa 5000 Einwohner in Hoyerswerda müssen in den nächsten Wochen mit Kündigung rechnen. Es stehen fast keine Einrichtungen zur Verfügung, die die Not der Menschen abfedern könnten. Die Lage der evangelischen Kirche spiegelt die allgemeine Misere. »Wir suchen seit drei Jahren einen Sozialarbeiter«, sagt Superintendent Friedhart Vogel. Die Stadt hat fünf Pfarrstellen, doch nur zwei sind besetzt. Hier will keiner hin.

Rechten Jugendlichen bleibt die Straße, bleiben »Getränkestützpunkte« und »Mokka-Bar« in der unwirtlichen Neustadt. Da können sie sich das Bier reingießen und dann »Action« machen. Man wird vermutlich noch von ihnen hören.

Rund 15 000 zum Teil sehr junge Menschen in der Ex-DDR, die keiner neonazistischen Organisation angehören, stellen für Bernd Wagner, den Leiter der Abteilung Staatsschutz im gemeinsamen Landeskriminalamt der neuen Bundesländer, ein unberechenbares rechtsextremes Gewaltpotential dar. Dazu gehören Teile der Hooligan- und Skinhead-Szene, Nazirocker, Heavy-Metal-Fans, aber auch völlig unauffällig gekleidete Jugendliche.

»Wenn du in der Szene drinne bist und einer schlägt vor, Ausländer aufzuschlagen, dann marschierst du automatisch mit«, sagt Bernd K., 21jähriger Fleischergeselle aus Leipzig, der sich selbst gar nicht als Neonazi versteht. Selten sind die Aktionen geplant. »Einmal haben wir gerade im Fernsehen einen Film über Kanaken und Asylanten geguckt, wie die mit Sozialgeld gefördert werden. Einer sagte, da vorne wohnen welche, die Säcke haben nagelneue Möbel gekriegt. Dann kam eben der Vorschlag: Komm, wir sehen uns die Möbel mal genauer an.«

»Organisierte Neonazis bereiten uns in Berlin kaum noch Sorgen. Dramatisch ist das schier unerschöpfliche Reservoir gewaltbereiter, rechter Jugendlicher der unterschiedlichsten Szenen aus Neubauvierteln wie Marzahn und Hellersdorf«, konstatiert ein Einsatzbeamter der »AG-Vorbeugung«, einer Sondergruppe der Berliner Polizei, die deeskalierend auf das jugendliche Gewaltpotential einwirken soll.

»Vierzig Prozent der ostdeutschen Jugendlichen empfinden Ausländer als lästig«, ermittelte das Zentralinstitut für Jugendforschung in Leipzig. Bemerkenswert ist die nach einzelnen Nationen deutlich abgestufte Skala der Antipathie. Deutlicher noch als Araber, Polen und ghettoisierte Schwarzafrikaner werden emsige Vietnamesen, vor allem aber Türken abgelehnt, die ausschließlich in den alten Bundesländern leben, dort arbeiten und als Ladeninhaber erfolgreich sind.

Erschreckend aber ist: 24 Prozent der Leipziger Schüler und 26 Prozent der Lehrlinge halten »Aktionen gegen Ausländer« für gerechtfertigt. Mancherorts sind sie bereits an der Tagesordnung. In Schwedt erpressen rechtsextreme Banden Schutzgelder von türkischen Händlern, in Eberswalde überfallen sie Schwarzafrikaner und ihre deutschen Ehefrauen bereits in den Wohnungen. Vera, Mutter eines dunkelhäutigen einjährigen Mädchens, verbarrikadiert sich seither: »Wenn ich in die Stadt gehe, lasse ich die Kleine zu Hause, es ist zu gefährlich.« Bürgermeister Rainer Gruzialewski resigniert: »Irgendwie brauchen die Rechten die Ausländer ja.«

»Es ist heute bereits so, daß die Rechte die gesamte Jugendszene vom Erscheinungsbild her bestimmt«, sagt der Leipziger Sozialwissenschaftler Wolfgang Brück, »in Leipzig gibt es nun auch Teile der studentischen Jugend, die sich den Rechten anschließen wollen.« Erstmals in der Nachkriegsgeschichte Deutschlands ist eine neonazistische Jugendszene nicht nur attraktiv, sondern vielerorts dominierend.

Der traditionell organisierte Teil des Neonazismus in den fünf neuen Bundesländern ist dagegen noch eher marginal. »Heute agieren etwa 2000 Rechtsextremisten im Sinne der Wortdefinition auf dem Gebiet der ehemaligen DDR«, sagt Staatsschützer Bernd Wagner. Sie sind in Organisationen wie die »Deutsche Alternative«, »Nationalistische Front«, »Freiheitliche Deutsche Arbeiterpartei«, »Nationale Alternative« sowie dem »Nationalistischen Völkischen Bund« organisiert – zum Teil Import-Organisationen aus den westlichen Bundesländern.

Wahlweise geraten Städte wie Cottbus, Ostberlin, Dresden, Görlitz und nun Hoyerswerda als Zentren rechtsextremer Gewalt in die Schlagzeilen, was nicht bedeutet, daß hier eine überdurchschnittliche Konzentration von Neonazis die Straße beherrscht. In nahezu jeder Kleinstadt und Siedlung gibt es »Kameradschaften« und Sektionen der einzelnen rechten Sekten. Manchmal sind es gerade einmal ein Dutzend Akteure.

Seit dem Sommer aber macht der Organisationsgrad der gewaltbereiten Neonazi-Szene qualitative Entwicklungssprünge. In verschiedenen Städten Ostdeutschlands fanden »Führertreffen« statt, auf denen Strategien für »den Kampf in Mitteldeutschland« entwickelt wurden. Teilnehmer waren notorische Neonaziführer wie der Österreicher Gottfried Küssel und die Westdeutschen Heinz Reisdz und Christian Worch.

Die Neonazis aus dem Westen erhoffen sich eine Renaissance im Osten – so stellte es auch der letzte Bericht des Bundesamtes für Verfassungsschutz dar. Inzwischen fragt man sich im Bonner Innenministerium aber, ob die rechte Gefahr im Westen selber da nicht ein wenig unterschätzt worden ist.

Im Osten: »Verhältnismäßig großes und gewalttätiges rechtsextremistisches Potential«. Der Westen eher harmlos: »Der organisierte Rechtsextremismus ist schwächer geworden«. Die Deutsche Volksunion (DVU), der Wahlgewinner von Bremen, wird als »völlig inaktiv« bezeichnet, die Niederlage der NPD bei den letzten Bundestagswahlen als »vernichtend« eingeschätzt. Die Mitgliederverluste von DVU und NPD hätten ihre Ursache »im Zusammenwachsen Deutschlands«. Das habe die Themen, »die noch vor Monaten den Rechtsextremisten beachtliche Erfolge bescherten, obsolet werden lassen.«

Den Haß unterschätzt

Das Sensorium der Verfassungsschützer ist offenkundig von gestern. Sie »beruhigt« die Tatsache, daß die Zahl der rechtsextremistischen Organisationen 1990 auf 69 (1989: 70), die Zahl der eingeschriebenen Mitglieder auf 32 300 (1989: 35 900) fiel. Das viel bedrohlichere, sich seit langem anbahnende Phänomen der Verzahnung von Alt-Nazis, »Nationaldemokraten«, bürgerlichen Rechten und einer militanten, nichtorganisierten Skin-Szene wird nicht erkannt. Die »Republikaner«, denen wissenschaftliche Extremismusforscher eine entscheidende Brückenfunktion zwischen einem zu aktivierenden rechtsbürgerlichen Potential und dem militanten rechtsextremistischen Lager zuordnen, werden nicht einmal be(ob)achtet.

Unter dem Stichwort »Rechtsextremistische Subkultur« rechnen die Verfassungsschützer etwa 250 der 2500 bis 3000 Skinheads der rechtsextremistischen Szene West zu. Weitere 250 Personen zählen sie zu einer »Grauzone«, die mit »Hitlergruß und antisemitischen Parolen« provozieren würden. Für 1990 registriert der Bericht immerhin drei Morde, die in den Altbundesländern von genau dieser Szene begangen worden seien. In den vergangenen drei Jahren fielen auf dem Gebiet der alten Bundesrepublik elf Menschen rassistischen Übergriffen zum Opfer. Die Verfassungsschützer widmen lediglich 42 Zeilen ihres 277 Seitens starken Berichts diesen politisch motivierten Mördern. Eine dramatische Entwicklung sehen sie schon gar nicht voraus.

Sozialwissenschaftler und Meinungsforscher aber schlagen längst Alarm. So förderte eine Untersuchung des Berliner Wissenschaftszentrums über rechtsextreme Dispositionen im Ostteil der Stadt eine ausgeprägtere Ausländerfeindlichkeit und einen stärkeren Hang zu autoritären Mustern in Erziehung und Politik zutage, doch die bei Westberlinern erhobenen Vergleichswerte waren auch beachtlich. Jeder dritte Bundesbürger zeige Verständnis für das Handeln von Neonazis, ergab eine Umfrage im Auftrag des *Spiegels*. Doch mit 38 Prozent standen die Westdeutschen gegenüber 21 Prozent der Ostdeutschen eindeutig auf der rechten Seite im vereinten Deutschland.

Auch Manfred Güllner, Leiter des Dortmunder Forschungsinstituts Forsa, hat »eindeutige Belege« für eine größere Ausländerfeindlichkeit in den alten Bundesländern: »Ein Zehntel der Bevölkerung im Westen ist anfällig für rechtsradikale und ausländerfeindliche Parolen«, sagt er. Entscheidend sei, ob sich diese latent ausländerfeindliche Gruppe als Mehrheit oder Minderheit fühlt. »In dem Augenblick, in dem die Asylfrage so hochgeredet wird, fühlt sich die Minderheit ermuntert.«

Genau dies aber tun die Politiker in Bonn. Mit kaum gestörter Routine exekutieren sie eine Ausländerpolitik, die den Aufruhr wider die Fremden mehr fördert, als daß sie ihn mäßigt.

Seit Monaten geht es um die Frage, ob angesichts des eklatanten Mißbrauchs durch Migranten der Artikel 16 des Grundgesetzes in einer prinzipienstarken Schlichtheit zu halten ist: »Politisch Verfolge genießen Asylrecht.«

Die Christdemokraten wollen diesen Rechtsanspruch der Asylbewerber durch eine Verfassungsergänzung in eine Gnade verwandeln, welche der Bund künftig nach gesetzlich reguliertem Gutdünken gewährt. Sozialdemokraten und Liberale dagegen hatten erst noch am 27. September in einem Spitzengespräch beim Kanzler klargemacht, daß von ihnen eine verfassungsändernde Zweidrittelmehrheit im Bundestag nicht zu haben ist. Statt dessen sollte dem Asylmißbrauch gegengesteuert werden, indem durch raschere Prüfung unberechtigte Bewerber schnell wieder außer Landes gebracht würden. Am Donnerstag dieser Woche sollte darüber noch einmal verhandelt werden.

Trommelfeuer aufs Asylrecht

Doch nicht einmal brennende Asylantenheime konnten bisher die auf Braunwähler spekulierenden Unionspolitiker bremsen. Im Gegenteil. Nach dem Rechtsruck an der Weser legte der CDU-Bundesvorstand einen prompten Beschluß nach: Die Asylrechtsdiskussion sei in Bremen mit wahlentscheidend gewesen. Alle Vorschläge zur Beschleunigung der Anerkennungsverfahren seien untauglich. Nur eine Grundgesetzänderung könne helfen.

Wenn sich die Sozialdemokraten verweigerten, so hatte der CSU-Generalsekretär Erwin Huber seit Wochen polemisiert, sei künftig jeder Asylant ein SPD-Asylant. Nun fand er gar, wer am ungeänderten Asylrecht festhalte, werde mitschuldig an Ressentiments gegen Ausländer und am Erstarken rechtsradikaler Parteien.

»Bauchpolitik«, schilt SPD-Chef Björn Engholm, was die Konservativen derzeit bieten. »Wir schlagen im Augenblick eine gefährliche Abwehrschlacht. Was da läuft, ist eine der wenigen dramatischen Sachen seit dem Zweiten Weltkrieg. Das ist ein Testfall auf das Bewußtsein unserer Bevölkerung.« Er hat die Schlacht womöglich schon verloren – durch die eigene Kapitulation.

Unter dem Trommelfeuer von rechts – aber auch unter dem Druck dramatisch wachsender Asylantenzahlen – haben Sozialdemokraten und Liberale sich auf eine politische Auseinandersetzung eingelassen, die größte intellektuelle Anstrengung erfordert. An Stammtischen und in Boulevardzeitungen wird sie nur als »das Ausländerproblem« wahrgenommen und als zweifelhaftes Bemühen der Politiker, eine drohende Überfremdung des neuen Deutschland abzuwehren.

Einerseits sollen politisch Verfolgte hier weiter Aufnahme finden. Andererseits sollen Migranten, die in ihren Heimatländern offenkundig nicht bedroht sind und die deshalb als Asylanten abgelehnt werden, Artikel 16 nicht als bequemes Vehikel zur Einwanderung ins Wohlstandsland Bundesrepublik mißbrauchen können. Nicht einmal einer von zehn Asylbewerbern wird anerkannt. Das Prüfungsverfahren dauert im Schnitt neun bis zehn Monate. Währenddessen müssen die Bewerber auf Kosten von Ländern und Gemeinden untergebracht und unterhalten werden. Rund dreißig Prozent der als Asylanten abgewiesenen Flüchtlinge können am Ende doch legal im Lande bleiben, weil ihnen die Rechte der UN-Flüchtlingskonvention zugebilligt werden (De-facto-Flüchtlinge). Etliche abgewiesene Asylbewerber tauchen unter.

Ohne das Grundgesetz zu ändern, wollen SPD und Freidemokraten dem abhelfen, indem sie das Anerkennungsverfahren straffen.

Statt Asylbewerber auf die Gemeinden zu verteilen, sollen sie zumindest in den ersten sechs Wochen nach der Einreise in leeren Bundeswehrunterkünften kaserniert werden.

Ein verkürztes Prüfungsverfahren soll binnen sechs Wochen über die Asylanträge der meisten Bewerber entscheiden.

Statt ihnen Sozialhilfe bar auszuzahlen, sollen sie Kleidung und Lebensmittel bekommen.

Umstritten ist, ob sich eine Liste von Staaten aufstellen läßt, in denen keine politische Verfolgung angenommen wird und deren Bürger deshalb grundsätzlich kein Asyl begehren können.

Experten bezweifeln, daß der Asylantenstrom so unter Kontrolle zu bekommen ist. Doch selbst wenn das straffe Verfahren funktionierte, wäre nur eines erreicht: Das Asyl als Hintereingang in die Bundesrepublik wäre geschlossen. Vor der Tür stünden Hunderttausende, die gleichwohl nach Deutschland einwandern wollen: Neunzig Prozent abgelehnte Asylbewerber, deutschstämmige Aussiedler, Armutsmigranten aus Süd und Ost, Menschen, die vor den gewaltsamen Wirren aufbrechender Nationalitätenkonflikte an den Rändern Europas fliehen.

Ob Grundgesetzänderung oder nicht: Jene dreißig Prozent abgelehnter Asylbewerber zum Beispiel, die bisher unter dem Schutz der UN-Flüchtlingskonvention ins Land kommen, wären auch künftig kaum davon abzuhalten. Und vermutlich aus gutem Grund ist das Bonner Innenministerium nicht imstande zu sagen, wie viele Flüchtlinge denn mit einem Mal weniger Aufnahme in der Bundesrepublik fänden, wenn Artikel 16 ergänzt oder geändert würde – weil die Sache wohl wirkungslos bliebe.

Ehe die Bonner Asyldebatte in Verfahrensfragen und Wahlkalkülen verkommen war, ehe der Mob und die Schlägerbanden überall im Land vor den Ausländerheimen Eindruck auf Politiker, Medien und Bürger machten, hatten deshalb vorausschauende Leute zu thematisieren versucht, daß die neue Bundesrepublik doch wohl unübersehbar zum Einwanderungsland geworden ist.

Ein Einwanderungsland braucht eine Einwanderungspolitik: Wer soll sich in Deutschland niederlassen dürfen? Wie viele Ausländer können wir verkraften? Bringen sie womöglich mehr ökonomischen Segen als Lasten? Wollen wir nur Ingenieure und Krankenschwestern, nach Quoten und Herkunftsländern festgelegt, einreisen lassen? Wer soll darüber befinden? Wie viele Armutsflüchtlinge aufzunehmen sind wir dem schlechtergestellten Rest der Welt schuldig? Multikultur – ja oder nein?

Über Einwanderung reden

In den Unionsparteien sind nur wenige bereit, solche Fragen zu stellen. Wie ein Ceterum censeo hatte Vizefraktionschef Heiner Geißler in der Ausländerdebatte des Bundestags sein Plädoyer für eine multikulturelle Gesellschaft wiederholt. Und in den Tagen von Hoyerswerda hatte Sachsens Ministerpräsident Kurt Biedenkopf sich mit Worten mutig gezeigt. In einem Interview sagte er der *tageszeitung*: »Das eigentliche Problem ist die Einwanderung, die ja weit über das hinausgeht, was wir im Grundgesetz allen Menschen versprochen haben. ... Deshalb ist auch die schnelle Klärung der generellen politischen Haltung unseres Landes und auch der EG in bezug auf die Einwanderung dringend geboten. ... Ich glaube, daß es viel einfacher wäre, auch solche extremen Grenzsituationen wie in Hoyerswerda unter Kontrolle zu bringen, wenn wir unseren Mitbürgerinnen und Mitbürgern gleichzeitig Auskunft darüber geben könnten, wie es weitergeht.« – Was ihn nicht abhielt zu fordern, den neuen Bundesländern sollten weniger Asylbewerber zugewiesen werden.

Wenn Pogrome in den Köpfen beginnen – wie der FDP-Abgeordnete Burkhard Hirsch treffend meinte – und wenn in den Köpfen zuwenig demokratische Vorstellungen sind, hätte eine zeitige öffentliche Debatte über die Einwanderung womöglich Schlimmes verhindert. Doch Hirsch gesteht selber, daß sich dies kein Politiker traut: »Das würde das Publikum überfordern. Die Angst vor der Überfremdung erschlägt alles. Ich habe nicht die politische Kraft, ein Einwanderungsgesetz zu thematisieren.«

Ein politischer Rückenmarkschwund, der auch die Sozialdemokraten befallen hat. Noch im August hatte die *Welt* vom SPD-Vorsitzenden Björn Engholm berichten können, er fordere als Ergänzung des Asylrechts ein modernes Einwanderungsrecht. Zitat: »Wir werden bei uns keine mexikanische Grenze ziehen können, die Türen dichtmachen, massenweise Bundeswehr und Bundesgrenzschutz an Oder und Neiße stationieren, um Menschen abzuweisen. Statt dessen brauchen wir ein neues Einwanderungsrecht mit festen Kontingenten.«

Doch als am Montag vergangener Woche – es war der Tag nach dem Bremer Wahldesaster – in Berlin der Parteivorstand der Sozialdemokraten hinter verschlossenen Türen kontrovers über Asylrechtsbeschränkung und Einwanderung debattierte, hob am Ende auch Björn Engholm für einen Beschluß die Hand, in dem viel die Rede ist von Verfahrensstraffung und nur beiläufig und ganz zum Schluß von einer »gesamteuropäischen Geltung einheitlicher zuwanderungs- bzw. flüchtlingsrechtlicher Regelungen«.

Engholm heute: »Man muß es in zwei, drei Etappen machen. Die erste, ganz pragmatische Frage ist: Wie bringe ich die ganzen Asylbewerber unter, wo ich in Schleswig-Holstein null Wohnraum habe? Kriege ich das nicht hin, hören mir doch die Leute gar nicht mehr zu, mit denen ich über Einwanderung nach Europa reden will. So ist das im Moment unter dem Zwang dieser idiotischen Emotionalisierung. Die Rühes und die Hubers haben diese Verbauchung hingekriegt. Wir haben vor dieser Verbauchung ein bißchen Angst, muß ich schon sagen.«

Allenthalben Angst. Hoyerswerda überall?

Frank Drieschner, Kuno Kruse und Ulrich Stock

■ Das Deutsche und das Fremde

Das »Deutsche Haus«, die einzige Gaststätte dieses Namens in Hamburg, ist ein ziemlich entlegener Ort, eine halbe S-Bahnstunde von der Innenstadt entfernt. Paul Todtmann, der Inhaber, hält die Atmosphäre seiner Gaststätte für »typisch deutsch«. Wände und Decke sind mit Eiche ausgekleidet, die Möbel, verschnörkelt im Stil der sechziger Jahre, sind aus Eiche, der Tresen: Eiche.

»Echte Eiche«, steht auf den Kleiderbügeln aus echter Eiche, »real oak, chêne naturel«.

Aus unsichtbaren Lautsprechern plätschert leise Richard Claydermans Klavierspiel. Zu essen gibt es »Hacksteak à la Meyer« oder »Rumpsteak Pariser Art«, zum Salat wahlweise French, American oder Italian Dressing. Dazu trinkt man Bordeaux oder – 800 Kilometer weit weg von der Wies'n – Oktoberfest-Bier.

Das »Deutsche Haus« scheint wie geschaffen für amerikanische Touristen, die »German Gemuetlichkeit« zu schätzen wissen. Aber wo gehen Einheimische essen? Auf ein »Deutsches Haus« kommen in Hamburg fünfzehn italienische *case*, dreißig *ristoranti*, ungezählte Pizzerien und eine unüberschaubare Zahl von arabischen, asiatischen, chinesischen, französischen, griechischen, indischen, japanischen, jugoslawischen, koreanischen, persischen, syrischen, thailändischen, türkischen und vietnamesischen Restaurants.

»Die klassische deutsche bürgerliche Küche«, sagt Bärbel Matiaske von der Nürnberger Gesellschaft für Konsum-, Markt- und Absatzforschung, »hat nur noch als Fast-food-Relikt Bedeutung.«

Pizza und Dönerkebab stehen inzwischen im Duden. »Das Bemühen um das zutreffende eigene Wort läßt nach, weil sich das fremde so vorgedrängt hat, daß es sogleich zur Hand ist«, klagte die *Frankfurter Allgemeine Zeitung* (»Zeitung für Deutschland«).

Nicht nur in Gastronomie und Germanistik ist das Fremde auf dem Vormarsch. In den hiesigen Top ten löst eine amerikanische Band die andere ab; zu den zehn meistverkauften Taschenbüchern zählt, wenn man der Bestsellerliste der Stilke-Bahnhofsbuchhandlung glauben darf, nur eines aus deutscher Feder: die Autobiographie von Franz Josef Strauß. Band und Bestseller sind schon seit Jahren deutsche Wörter.

Würde die Bundesrepublik nicht gerade von einer Welle der Ausländerfeindlichkeit geschüttelt, könnte man denken, nichts wäre den Deutschen so lieb wie das Fremde.

Sooft wie möglich reisen die Bundesbürger ins Ausland. Dort wollen sie »abschalten, entspannen« (74 Prozent nach einer Umfrage) und »frische Kraft sammeln« (64 Prozent).

*

»Überfremdung« ist das Wort dieser Wochen. Früher konnte man es allenfalls in der *National Zeitung* finden, heute geht es sogar SPD-Abgeordneten über die Lippen. Schon steht es im *Spiegel* ohne Anführungszeichen.

Überfremdung: überall Moslems, Zigeuner, Neger, Asylbetrüger und Scheinasylanten. Ein Volk von achtzig Millionen an den Rand gedrängt von sechs Millionen Ausländern, die sich breit machen?

Das ist schon seltsam. In vierzig Jahren waren die Deutschen nie so stark und so bei sich wie seit dem 3. Oktober 1990. Doch noch nie fehlte es ihnen so sehr an innerer Souveränität.

Gelassenheit scheint keine ausgeprägte Eigenschaft im Nationalcharakter zu sein. Früher hieß es: Die Russen kommen. Und gemeint waren die Panzer. Heute heißt es: Die Russen kommen. Und gemeint sind die Aussiedler.

Mag die Welt Angst haben vor den Deutschen, die Deutschen haben Angst vor der Welt.

Rasierter Schädel, kräftig gebaut und 1,60 Meter groß, so sieht er aus, der wahre Deutsche. Er ist wieder unter uns. In diesem Herbst gab das ewige Eis ihn frei, mit dem Hubschrauber schwebte er ins Tiroler Ötztal hinab. Viertausend Jahre ist er alt, mit Bronzebeil und Bogen streifte er einstmals über die Alpen. Nun wird seine DNS analysiert. Daran werden alle Nachfahren zu messen sein. Denn Deutschland ist und war ein Schmelztiegel der Völker.

Kelten und Germanen mischten sich mit steinzeitlichen Ureinwohnern, zogen nach Süden, Osten und Westen. Links des deutschen Rheins lag einmal das Römische Reich mit seinen Legionären aus Nordafrika, Spanien und Kleinasien, die sich, mit einem Stück Land versorgt, dort niederließen. Der Kölner Karneval, Inbegriff deutschen Frohsinns, geht auf den ägyptischen Isis-Kult zurück.

Östlich der Elbe rückten die Reitervölker an. Hunnen und Mongolen. Die Germanen wiederum drangen nach Osten vor, vermischten sich mit Slawen. Kreuzzüge und Eroberungskriege brachten immer wieder Gefangene ins Land.

Erst im 9. Jahrhundert fanden die deutschen Fürsten zu einer gemeinsamen Amtssprache: Latein. Die Preußenkönige sprachen im 18. Jahrhundert französisch. Wie selbstverständlich zählten zu ihren Untertanen auch die Polen. Schotten, Juden und Hugenotten entwickelten Handwerk und Handel. Portugiesen durchsetzten die großen Kaufmannsfamilien der Deutschen Hanse. Nicht einmal der deutsche Dichterfürst, Johann Wolfgang von Goethe, hatte rein deutschen Saft in seinen Adern. Sein Geschlecht geht auf einen aus der Türkei verschleppten Oberst zurück.

844 Jahre lebten die Deutschen in einem Heiligen Römischen Reich, fünf Jahrzehnte in einem Deutschen Bund, sechs Jahrzehnte in einem Deutschen Reich, vierzig Jahre in zwei deutschen Staaten einer Nation.

Die wiedervereinigten Deutschen zerfallen in »zwei verschiedene

Rassen«, glaubt Antal Lux, 1956 aus Ungarn nach West-Berlin geflohen und seit 1967 deutscher Staatsbürger. Lux, Künstler und genauer Beobachter seiner Umwelt, nennt die im Westen: zuverlässig, reserviert, überkorrekt, gefühlsarm und begrenzt hilfsbereit (»Fünfzig Pfennig von zehn Mark geben sie dir jederzeit ab«).

Die im Osten: rüpelhaft, begierig und unzufrieden, ein Volk wie die Rumänen (»Sie rempeln und schubsen dich fast vom Gehweg«).

Auch Grzegorz Zietkiewicz, Pole und seit neun Jahren in (West-) Berlin, sieht Unterschiede. Im Osten der »Homo sowjeticus«, der sich über ganz Osteuropa ausgebreitet habe: »Nachlässig und kleingemacht.« Im Westen der »Homo americanus«: »Konzentriert und ohne Abschweifungen in seinen Geschäftsgesprächen.«

Die Deutschen, zerrissen in Ost und West, in links und rechts, eine Nation im Herzen Europas ohne eigene Identität?

»Wäre es in den vergangenen vierzig Jahren gelungen, eine Identität als Staatsbürger zu entwickeln«, sagt Barbara John (CDU), Ausländerbeauftragte in Berlin, »könnte sich das Zusammenleben mit den Zuwanderern unverkrampfter abspielen.« Ohne aber fühlten sich die Deutschen überrumpelt und in ihrem Lebensstil bedroht. Statt stolz zu sein auf die demokratische Gesellschaftsordnung der Bundesrepublik, auf soziale Gerechtigkeit und Engagement für Europa und statt auf die Überzeugungskraft dieser Werte zu vertrauen, würde kleinmütig auf überkommene völkisch-ethnische Muster zurückgegriffen: »Wie sonst könnte es angehen, daß einerseits deutschstämmige Polen, Rumänen und Russen als uns zugehörig empfunden werden, während hier aufgewachsene und von der demokratischen Wertordnung geprägte Türken um rechtliche und soziale Anerkennung kämpfen müssen?«

*

Aus der Einführung von Professor Dr. jur. Helmut Rittstieg in das Deutsche Ausländerrecht: »*Ausländer* bezeichnet dem ursprünglichen Wortsinn nach einen Menschen, dessen Lebensmittelpunkt sich außerhalb des Landes befindet und der daher nicht zu diesem Land und seiner Gesellschaft gehört. Anders der juristische [...] Sprachgebrauch: Ausländer ist danach jeder Mensch, der nicht die deutsche Staatsangehörigkeit [...] hat. Ausländer im Rechtssinn sind daher auch viele *Inländer*, die als sogenannte Gastarbeiter in dieses Land einwanderten, und ihre Familienangehörigen. [...] Dieser juristische Sprachgebrauch steht in offenem Widerspruch zur gesellschaftlichen Situation dieser *Inländer fremder Staatsangehö-*

rigkeit. Diesem Widerspruch wird oft durch die beschönigende Rede vom ›ausländischen Mitbürger‹ ausgewichen, nachdem die früher übliche Bezeichnung ›Gastarbeiter‹ ganz offenbar falsch geworden ist. Aber auch die Bezeichnung ›ausländischer Mitbürger‹ ist offenbar falsch, darüber hinaus irreführend und illusionär. Menschen fremder Staatsangehörigkeit, ob Inländer oder Ausländer, sind nicht Mitbürger, da ihnen die Bürgerrechte fehlen und sie darüber hinaus unter ausländerrechtlichen Sondernormen stehen, die sie gegenüber den Staatsangehörigen abgrenzen und diskriminieren.«

Soweit der Jurist.

5,7 Millionen Ausländer leben in Deutschland. Ein knappes Viertel sind Türken, jeweils ein Fünftel Italiener und Jugoslawen. 170 000 Asylbewerber kamen in den ersten neun Monaten dieses Jahres in die Bundesrepublik – die meisten nur für kurze Zeit.

Nichts ist in Deutschland so schwer, wie Deutscher zu werden. Mit 0,3 Prozent ist die Einbürgerungsquote in der Bundesrepublik die niedrigste unter allen Vergleichsländern. 14 000 Neubürger kommen jedes Jahr hinzu; jährlich 55 000 »ausländische« Kinder aber werden in Deutschland geboren und wachsen hier auf.

*

Anand Sabapathy flüchtete 1984 aus Sri Lanka nach Deutschland und wurde Bad Neustadt zugewiesen. Sein Asylantrag hatte keinen Erfolg, aber er fand eine Frau. Als Mann einer Deutschen kann er nun seine Einbürgerung beantragen. Ob er das tun wird, weiß er noch nicht. Deutschland macht ihm manchmal angst: Wegen der Skinheads geht er abends nicht mehr auf die Straße. Anand Sabapathy-Anders hat in sieben Jahren viel gelernt, auch Deutsch, und wie er mit Verletzungen umgehen muß. »Hallo Neger« oder »hallo Schwarzer«, das tue noch weh, sagt er, »aber nur ein bißchen«.

Der Tamile arbeitet frei für die *Mainpost* in seinem gelernten Beruf: Er ist Bildjournalist. Sonntag für Sonntag berichtet er von den Fußballspielen der B- und C-Klasse.

Am Tag nach Hoyerswerda photographierte er ein Bezirksligaspiel zwischen Großbardorf und Königshofen. Nach Spielende ging ein Zuschauer, den er nie zuvor gesehen hatte, auf ihn zu, umarmte ihn und sagte: »Mensch, Kumpel. Es gibt so viel Ausländerhaß in Deutschland. Laß dich nicht stören, ich freue mich, daß du da bist. Hab keine Angst.«

Da war der Tamile überrascht.

Nach den Ausbrüchen von Fremdenfeindlichkeit nun ein Ausbruch von Fremdenfreundlichkeit. Beiden ist gemeinsam, daß sich Täter und Opfer nur in der Tat begegnen.

»Fremdenhaß« ist ganz wörtlich zu nehmen: Gehaßt wird das Unbekannte; damit man es hassen kann, muß es unbekannt bleiben.

Aber wie steht es um das Verhältnis von Deutschen und Fremden, wo sie sich *wirklich* begegnen?

*

An einem Frühsommertag, wenn in dem Elbestädtchen Hitzacker Schützenfest gefeiert wird, kann man die beiden Schützenbrüder Dr. Fayez Al Sayed aus Aleppo in Syrien, Arzt im Kreiskrankenhaus, und El Sayed Ali Arafa aus Ägypten, Inhaber der Kur-Apotheke, in Uniform durch die Straßen des Fachwerkstädtchens marschieren sehen. Dreimal schon, erzählt Apotheker Arafa stolz, sei er bisher Adjutant gewesen, das heißt: Er durfte die neuen Majestäten der Hitzackeraner Schützengilde von 1395 begleiten.

Das Kreiskrankenhaus in Dannenberg könnte schließen ohne die aus dem Ausland zugereisten Ärzte und Krankenschwestern. In zwei von vier Abteilungen stellen sie die Chefärzte, in dreien die Oberärzte. Kein in Lüchow-Dannenberg geborenes Kind, soweit es im Kreiskrankenhaus zur Welt kommt, das nicht auf die Hilfe eines türkischen, polnischen oder sonstwie ausländischen Arztes angewiesen wäre.

In den siebziger Jahren war es schwer, deutsche Ärzte in die Provinz zu holen, da kamen Ausländer. Wenn sich heute auf den wendländischen Straßen einer der vielen Verkehrsunfälle ereignet, dann ist es möglicherweise ein Kurde, der als Anästhesist darauf achtet, daß das deutsche Herz kräftig und gleichmäßig weiterschlägt.

Die fremden Medizinmänner sind in der kleinen Gemeinschaft bekannt und oft auch beliebt. Als Schützenbruder Al Sayed einmal von seinem Vater, einem Mufti aus Aleppo, besucht wurde und mit ihm durch Hitzacker ging, hier und da stehenblieb, um mit ehemaligen Patienten zu plaudern, fand Vater Al Sayed das alles »wie zu Hause«.

*

Die Frau depressiv, der Mann alkoholisch, die Kinder verstört – wenn polnische Aussiedler in Hamburg mit ihren familiären Schwierigkeiten nicht weiterwissen, gehen sie zur Beratungsstelle in die Wartenau.

Dort stellt sich dann oft heraus, daß die Probleme nur Symptome tieferer Not sind. Heimweh nach Polen würden sich diese Menschen niemals eingestehen – denn in der alten Heimat wurden sie als »Scheißdeutsche« beschimpft. Das Leiden an Deutschland zu bekennen, fiele ihnen genauso schwer: Weiß, blond und blauäugig sind sie, und sie wären so gern gute Deutsche. Doch sobald sie den Mund aufmachen, verrät sie ein östlich schwerer Zungenschlag als »Polacken«.

Der medizinische Psychologe, bei dem diese Nicht-genug-Deutschen Rat suchen, kennt Integrationsprozesse aus eigener Erfahrung: Jean Masumbuku hat einen französischen Vornamen, einen afrikanischen Nachnamen und einen deutschen Paß, und er spricht auch polnisch, wenn seinen deutschstämmigen Klienten die Worte fehlen. »Ich sage denen: Seht mich an, ich bin schwarz, ich hab's hier auch geschafft«, erklärt er. »Sie brauchen neues Selbstvertrauen. Bei mir lernen sie das sehr schnell.« Schwieriger ist die Therapie von Asylbewerbern. »Die Leute sehen ganz anders aus, sie fallen überall auf«, sagt Masumbuku. »Sie glauben, daß ihr Problem ist, daß sie so sind, wie sie sind.« Besonders schlimm sei es bei Afrikanern: »Die sehen sich als Sündenböcke dieser Welt, ob im Fernsehen über Asylprobleme berichtet wird oder über Drogenhandel, immer dienen Schwarze zur Illustration.«

Für viele sei die Ablehnung ihres Asylantrags nur noch der Abschluß eines monatelangen Demütigungsprozesses. Ihnen könne allein symptomatisch geholfen werden, etwa mit Tabletten gegen Magenschmerzen.

*

In einer Traube stehen sechs Freundinnen auf dem Hamburger Gänsemarkt zusammen und tuscheln. Sie nennen sich »Sisters«, denn sie haben eines gemeinsam: Haar und Haut sind... – sie lachen. »Ja was nun?« fragt Irene.

»Schwarz«, sagt Pam.

»Braun«, widerspricht Jennifer und betrachtet demonstrativ ihren Handrücken, »oder vielleicht creme?«

»Afrikanisch«, entscheidet Pam.

»Ja, genau«, stimmt der lachende Mädchenchor zu.

Sie sind alle um die fünfzehn Jahre alt, bildschön, lustig, modisch gekleidet, besuchen das Gymnasium oder die Gesamtschule. Ihre Sprache ist Deutsch, doch die Heimat, sagen alle, sei Afrika, auch wenn sie den Kontinent nur von einem Urlaub her kennen.

»Man kann sich in Deutschland nur als Afrikanerin fühlen, weil man ja auch nur so behandelt wird«, sagt Rony.

»Egal, wo ich bin, überall fühle ich mich beobachtet und bewacht«, beschreibt Pam ihre Unsicherheit, vor allem, wenn sie ins Kaufhaus gehe. »Da ist immer dieses Mißtrauen. Als ob wir Schwarzen etwas stehlen würden.«

Nichts wüßten die Deutschen über die Afrikaner. Die Schuld daran gibt Pam den Fernsehjournalisten: »Die zeigen doch immer nur die zurückgebliebenen Dörfer, aber niemals die afrikanischen Großstädte.« So wundere es sie nicht, daß Leute ihr Fragen stellen wie: »Habt ihr denn da auch Unterhosen an?« Gestern erst, berichtet Jennifer, habe ihr wieder eine alte Frau in der U-Bahn nachgekeift: »Geh doch zurück in den Busch.« Sie äfft das Geifern der Alten nach: »Ihr Neger habt doch sowieso keine Ausbildung.«

Dabei legen die Mädchen Wert auf gute Schulzeugnisse. Denn sie ermöglichen Aufstieg und Ausstieg aus Deutschland. »Ich möchte einmal Rechtsanwältin werden, und dann gehe ich in die USA«, sagt Irene. Pam ergänzt in wohlgesetzten Worten: »Ich werde mir meinen Lebens-Mittelpunkt als Journalistin in London suchen.«

Dort, glauben sie, werde die mißtrauische Observation ein Ende haben.

»Natürlich sind die Leute irritiert, wenn ein Schwarzer fließend deutsch spricht«, sagt Tatjana Lima Curvello, Soziologin vom Verband binationaler Familien und Partnerschaften in Berlin. Warum, fragt sie, lasse man dieser Verwunderung auf beiden Seiten keinen Spielraum? Aus der Irritation könne sich doch Interesse und Zuwendung entwickeln.

»Ein wenig mehr Gelassenheit«, fordert die Soziologin. Doch leider bestimme die Sozialarbeit mit ihrem »libidinösen Verhältnis zum Leid« die Integrationsdiskussion: voller Schuldgefühle wegen des Nationalsozialismus. Auf jeder Podiumsdiskussion würden engagierte Deutsche neben einem traurigen, unterprivilegierten Ausländer sitzen, wo sie dann zum gemeinsamen »Kampf gegen Vorurteile und Rassismus« aufriefen, als sei das die Lösung aller Probleme: »Es ist doch verheerend, wenn Sozialarbeiter und Lehrer den Jugendlichen nur immer sagen: Du Armer wirst diskriminiert.« Niemand zeige Vorbilder, niemand habe Visionen.

Gegen die »ewigen Qualen in der Lindenstraße« setzt Tatjana Lima Curvello, Kind eines russischen Vaters und einer deutschen Mutter, aufgewachsen in Brasilien, die »Soap-opera«: das bunte, lachende und weinende Durcheinander, wie es vom französischen Kino längst entdeckt wurde. Warum, fragt sie, genieße man als Ausländerin die verstohlenen Blicke nicht? Warum könne sich die Mulattin hier nicht wie in Brasilien einfach schön und begehrenswert fühlen? »Das kann doch ein wunderbares Gefühl sein.«

*

Nach Mitternacht füllt sich die Disco an der Reeperbahn. Der Funk-Baß läßt die Bauchdecke vibrieren. Blonde Zuckerlockenmädchen wippen noch etwas steif und halten sich an Sektschalen fest. »*Sex you up*«, lockt die Stimme aus den Boxen. Schwarz ist die Musik, bunt die Szene. Auf dem blanken Tankblech drehen sich elastische Körper. Der schmächtige Gonzales tänzelt ein, der stämmige Mohammed wirft sich in die Brust. Auch Claudia, Sekretärin aus Wandsbek, heute in Glitzerrobe, genießt ihren Auftritt: ein Augenzwinkern für den schwarzen Marvin, ein Wangenküßchen vom dunkelhaarigen Murat, eine Umarmung mit der Freundin Sarah, einer majestätischen Schönheit aus Tausendundeiner Nacht.

»*It's Saturday*« – und da ist man hier: Im »Skyy«, gleich gegenüber der Hamburger Davidswache. »Der einzige Ort in Deutschland, wo es keinen Rassismus gibt«, sagt Marvin, ein schwarzer GI aus Los Angeles.

An den runden Stehtischen mischen sich die Cliquen. Cometogether-Bilder entstehen, wie vom Photographen für die Zigarettenwerbung inszeniert: Ngyen Van Dang, eine Melange aus John Lennon und Yoko Ono, mit langem Pferdeschwanz und Nickelbrille, kam als Kontingentflüchtling aus Vietnam. Neben ihm sein Schulfreund Gerd, blaß und blond, diskutiert mit Gary, einem schwarzen Soldaten aus den Niederlanden.

Die löwenmähnige Farah will heute bei einer deutschen Freundin übernachten. Ihre iranischen Eltern würden sie niemals in die Disco lassen. Sie hofft, daß niemand sie an ihren großen Bruder verrät: »Der würde mich glatt verprügeln.«

Nevente Beaumont, Inhaber der Diskothek, achtet beim Einlaß auf eine bunte Mischung: »Nicht zu weiß und nicht zu schwarz.« Als er vor fünf Jahren den Laden übernahm, wollte er zunächst keine Ausländer. »Ich hatte Angst, daß es Probleme gibt«, sagt der Jamaikaner, der seit 1970 in Deutschland lebt. Erst als die Presse protestierte, habe er die Tür geöffnet. Inzwischen ist er froh darüber. »Es springen Funken, und es entsteht Bewegung.«

Die »Skyy«-Disco – ein Vorgriff auf die multikulturelle Gesellschaft? In einer Weise ja: sie ist farbig, lustig, exotisch wie die Benetton-Werbung. Andererseits nein: »Wenn ich in einer der ausländischen Familien bin«, sagt Christiane, achtzehn Jahre alt und Verwaltungslehrling, »habe ich immer Angst, etwas falsch zu machen.« Die verschiedenen Kulturen reduzieren sich auf einen gemeinsamen Nenner aus schillernder Oberfläche und internationaler Musik. »Wir sind alle gleich«, sagt José, siebzehn Jahre alt und Portugiese, »immer locker und gut drauf.«

*

Aus Hamburgs multikulturellem Angebot:

Dritte Afrikanische Kulturtage vom 18. 10. bis 22. 11. Türkisches Frühstück mit dem Schriftsteller Osman Engin am Sonntag im Stadtteilzentrum »Motte«. »1992 – 500 Jahre Kolonialismus, 500 Jahre Widerstand«, die Hamburger Wandmalgruppe sucht noch lateinamerikanische Maler/Malerinnen, Anruf bei Kai 43 68 67. Deutschkurs für Anfänger und Fortgeschrittene/yeni ve biraz bilenler için Almanca kursu. Die »Gesellschaft zur Unterstützung von Gefolterten und Verfolgten e. V.« offeriert ihre Dienste. Djembé-Workshop mit Alseny Camara, Solist des Djoliba-Nationalballetts Guinea: »Traditionelle Rhythmen der Malinhe und Soussou für Djembé und die drei unterschiedlichen Baßtrommeln Sangba, Doundoun und Kenkeni«.

Zu »Antirassistischen Tagen« vom 28. 10. bis 9. 11. ruft auf einem Plakat ein gewisser S. Reicht auf: »Setzt dem alltäglichen und staatlichen Rassismus etwas entgegen!« Im Restaurant »Vivaldi«, Habichtstraße 121, spielt La Sonora Casino aus Chile, das Plakat zeigt sieben Chilenen in weißen Jacken mit schwarzer Fliege. »Tibet – Zerstörung einer Hochkultur«, Ausstellung der Tibetinitiative Deutschland e. V., mit Hilfe von amnesty international, der Gesellschaft für bedrohte Völker, der Gesellschaft für deutsch-chinesische Freundschaft, des Tibet-Zentrums, der Föderation für ein demokratisches China, des *Greenpeace-Magazins* und der Kulturbehörde Hamburg.

Der Ton und die Themen verraten es: Multikulturelles ist noch eine Sache der Linken und Alternativen. Sollte dieses Thema dereinst bei den Etablierten so beliebt werden wie heute die Ökologie – dann wird es in einigen Jahren bei Veranstaltungen der CDU auch einmal den Hinweis geben: »Diskussion in kurdischer und deutscher – und nach Bedarf – auch türkischer Sprache.«

Die »Werkstatt 3« in Hamburg-Altona will nicht weniger sein als ein »Kommunikations- und Informationszentrum für Entwicklung, Frieden und Menschenrechte«. Sie wendet sich an »vergnügungshungrige Partygänger, diskussionsfreudige Politköpfe, gesprächsoffene Literaturkenner und neugierige Neu-Hamburger« – will also bewußt raus aus der rotgrünen Ecke.

Multikulti gibt's in der »Werkstatt 3« von morgens bis abends. Matthias Schwark, Koordinator, und Albert Borde, fürs Programm verantwortlich, können stundenlang über kulturelle Differenzen erzählen.

Da gibt es den ghanaischen Lehrer, der seit Jahren deutschen Frauen westafrikanische Tänze beibringt. Bei einem Auftritt am Nationalfeiertag in der ghanaischen Botschaft in Bonn waren die schwarzen Gäste hin und weg von den deutschen Frauen. Wenn die Gruppe im Hamburger Gewerksschaftshaus ab und an bei Afrikaner-Partys mittanzt, verläßt mancher Afrikaner beschämt das Parkett, weil die eigenen Tanzkünste nicht ausreichen. Gibt die Gruppe aber ein Gastspiel in der »Werkstatt 3«, dann schimpft das weiße Publikum: »Das sind ja gar keine Afrikanerinnen.« – »Aber die Tänze sind doch afrikanisch«, wird ihnen entgegengehalten. Das entkräftet nicht die Kritik: »Afrikaner tanzen ja ganz anders, die haben das im Blut.« Andere Deutsche sehen im weißen Schwarzentanz die ultimative Form des Kolonialismus: »Nun nehmen wir denen noch ihre Tänze weg.«

Wenn die »Werkstatt 3« zur »Tropical Dance Night« bittet, hat die weiße Frau aus dem Drittweltkomitee an der Kasse immer Schwierigkeiten mit schwarzen Gästen: Zehn Mark Eintritt sei zu viel. Läßt sie nicht mit sich handeln, wird sie beschimpft: »Rassistin! Du willst nicht, daß wir Schwarzen hier reinkommen.« Läßt sie sich erweichen, kann sie später beobachten, wie der erfolgreiche Händler ein Bündel Hundertmarkscheine hervorzieht, um sein Bier zu bezahlen. Sagen Schwark und Borde: »Die Afrikaner handeln gerne, das ist Teil ihrer Kultur.«

Nach Möglichkeit machen nun Afrikaner die Kasse; die lösen das Problem afrikanisch: Zwei kassieren, ein dritter feilscht.

Vor Fehlern ist niemand gefeit. Eine deutsche Frau beschwerte sich, bei der Disco habe ihr ein Afrikaner an den Po gefaßt und anzügliche Bemerkungen gemacht. Im nächsten Programmheft stand daraufhin: »Wir bitten auch unsere ausländischen Gäste, das Recht der deutschen Frauen zu respektieren.« Das gab eine Menge

Proteste. Afrikaner argumentierten, auch deutsche Männer würden sich danebenbenehmen, also sei die Ermahnung rassistisch. Südamerikaner schimpften: »Warum schreibt ihr ›Ausländer‹, wenn ihr ›Afrikaner‹ meint?«

An Mißverständnissen und Empfindlichkeiten mangelt es im multikulturellen Zentrum nicht; gleichwohl sind sich alle darin einig, daß rassistische Tendenzen in der Gesellschaft das größte gemeinsame Problem seien.

Albert Borde wünscht sich mehr Toleranz und »Ermöglichung«. An eine multikulturelle Gesellschaft in dem Sinne, daß jedes Mitglied die anderen Kulturen alle zu verstehen habe, glaubt er nicht. »Das wäre eine Überforderung.«

*

Die Veddel ist ein Stadtteil von Hamburg, den viele Hamburger nicht kennen. Sie liegt vier Kilometer Luftlinie südlich vom Michel, eingefaßt von zwei Autobahnen, einer Mülldeponie, Eisenbahnsträngen, Industrieanlagen und Hafenbecken – ein Stück armes Deutschland.

Von 6000 Einwohnern sind über die Hälfte Ausländer. Pastor Edgar Spir, der sich zur Gruppe Bekennender Christen rechnet, zählt noch 22 Prozent evangelische Gläubige. Die Kirchengemeinde schrumpft. Wo eine alte Christin stirbt, ziehen vier junge Moslems in die Wohnung ein.

Kürzlich baten zwei Türken den Pastor um Hilfe. Der Ortsamtsleiter stehe der Errichtung eines Bethauses im Stadtteil ablehnend gegenüber. Ob der Herr Pfarrer ein gutes Wort für die Moslems einlegen könnte?

Er konnte.

Der 63jährige Pastor hat schon auf der Veddel gelebt, »wo gar keine Ausländer hier wohnten«. Die Zuwanderung erlebte er als eine »interessante Zeit«, »als Bereicherung, sowohl von der Volkszugehörigkeit als auch von der Religion«. Fremdenfeindlichkeit über kleine Rangeleien hinaus hat er bislang nicht bemerkt – was er dem hohen Ausländeranteil zurechnet.

»Wir können von den Moslems manches lernen«, sagt er zuweilen in der Predigt, »viele von denen leben ernster im Glauben als wir.«

Ein paar Gehminuten von der Kirche entfernt betreibt Ünal Özsen seinen »Getränke-Discount«. Der Laden ist hell und freundlich, alle Kisten stehen in Reih und Glied, die Dosen sind zu kleinen Pyramiden aufgetürmt. Gäbe es einen Schönheitspreis für Getränke-Discounts, Ünal Özsen hätte ihn verdient. An der Tür nimmt er Stammkunden die Tasche ab, um die leeren Flaschen herauszunehmen und neue hineinzutun; er weiß schon, welche.

Vor einiger Zeit war eine deutsche Kundin in seinen Laden gestürmt und schimpfte auf die »Schweinetürken«, von denen sie nun »die Schnauze voll« habe, die sich »zum Teufel scheren« könnten: »Die haben ein Schaf auf dem Balkon geschlachtet!«

»Und warum erzählen Sie mir das?« fragte er.

»Weil Sie auch Türke sind.«

Özsen riet ihr, die Polizei zu rufen.

Als er im Laden kopfschüttelnd von der Begebenheit berichtet, kann Klaus, ein deutscher Freund, gleich mit weiteren Geschichten aufwarten: »Drei Schafe! Auf Stroh! Im Wohnzimmer!« Und bei ihm im Haus würde eine Türkin im dritten Stock frisch geschorene Schafswolle waschen. »Und was passiert? Abfluß verstopft!« Und das Türenschlagen im ganzen Haus, und bei normalen Leuten sei in Deutschland nachts um zehn Ruhe. »Da geht's bei uns erst los.«

Der Ladenbesitzer Özsen kann verstehen, daß Leute wie Klaus sich beschweren. »Wenn die Türken die Treppe nicht putzen und die Deutschen was sagen, dann heißt es gleich, ihr seid ausländerfeindlich.«

In 22 Jahren hat der Türke Özsen sich mit den hiesigen Sitten und Gebräuchen vertraut gemacht. »Man muß sich anpassen.« Türkische Zeitungen liest er nicht mehr (»Da ärgere ich mich nur über soviel Unwahrheit«), er bevorzugt *Bild* wie Klaus.

Und er, eigentlich Moslem, nimmt es mit dem Glauben auch nicht mehr so genau. Pilsener und Hefeweizen verkauft er selbstverständlich. Die Fundamentalisten rächen sich, indem sie sein Geschäft meiden und bei Aldi kaufen. An Schnaps in Christenregalen stören sie sich nicht.

*

Der achtjährige Thomas Florian gehört zu einer kleinen Minderheit: Er ist Deutscher. In seiner Klasse in der Jos-Weiß-Grundschule, am Rande der Reutlinger Altstadt, sind er und Melanie die einzigen Kinder deutscher Eltern. Von den 22 Schülern der zweiten Klasse kommen sechs aus der Türkei, sechs aus Griechenland, drei aus Italien, die übrigen aus Vietnam, Pakistan, Somalia und Brasilien.

Von den 270 Schülern der Jos-Weiß-Schule sind zwei Drittel Ausländer. Seit sie in der Mehrheit sind, kämpft die Schule gegen ihr schlechtes Image bei deutschen Eltern. »Hier verlernt meine Tochter ja Deutsch«, sagte eine Mutter beim Einschulungsgespräch und meldete ihr Kind in einer privaten Konfessionsschule an. Weil in Baden-Württemberg bei der Auswahl der Grundschule keine Wahlfreiheit besteht, versuchen deutsche Eltern häufig mit allen Tricks, die Einschulung in die Jos-Weiß-Schule zu verhindern.

Da wohnt plötzlich die Oma am anderen Ende der Stadt, oder die Familie zieht kurz vor der Einschulung überraschend um. Ein Vater bemühte erst die Gerichte, dann ebenso erfolglos den Petitionsausschuß des Stuttgarter Landtags, einzig um sein Kind vor der »Ausländerschule« zu bewahren.

In der Tat wechseln von der Jos-Weiß-Schule weniger Schüler in die Realschule oder aufs Gymnasium als von anderen Grundschulen. Siebzig bis achtzig Prozent kommen zur Hauptschule. Betrachtet man aber nur das Abschneiden der deutschen Schüler, so liegt die Schule völlig im Schnitt.

»Bei uns lernen die Kinder doch viel mehr fürs Leben«, wirbt Rektor Köster und spricht von »Selbständigkeit, Toleranz und Kooperation«. Auch die Eltern lernen dazu: Die Mutter des Schülers, der mit Hilfe des Petitionsausschusses vor der »Ausländerschule« bewahrt werden sollte, steht heute dem Elternbeirat vor.

Die japanische Schule im Hamburger Stadtteil Iserbrook liegt, umgeben von Zäunen und dichten Baumreihen, in einer parkähnlichen Landschaft. Nachbarn gibt es nicht – »zum Glück«, sagt der Mathematiklehrer Koji Suda, denn so könne sich niemand über lärmende Schüler beklagen. Allerdings, schade sei es auch, wegen der Kontakte.

Mit deutschen Kindern spielen die 217 kleinen Japaner und Japanerinnen fast nie. Die meisten sprechen kaum deutsch, und daran kann auch der Sprachunterricht nicht viel ändern – zwei Stunden Deutsch in der Woche, zwei, später vier Stunden Englisch, fünf Stunden Japanisch sieht der Lehrplan für die Sechs- bis Fünfzehnjährigen vor.

Etwa 2000 Japaner, so schätzt man hier, leben in den teuren Stadtteilen des Hamburger Westens eng beieinander – »eine Kolonie«, so sagen sie. Fast alle sind nur für wenige Jahre hier. Die letzten Gastarbeiter: Manager japanischer Unternehmen. Sie finden japanische Geschäfte vor, einen japanischen Sportverein, und schon in den Kindergärten, bedauert Lehrer Suda, blieben ihre Kinder unter sich und sprächen japanisch.

Für sie gilt, wie für alle Kinder in Deutschland, die Schulpflicht, die für Anfänger die gemeinsame Grundschule vorsieht – so steht es in der Verfassung. Die japanische Schule stellt eine Ausnahme dar: Da die Kinder in der Regel nach Japan zurückkehrten und dort weiter zur Schule gingen, sagt Ute Podeus, Juristin in der Hamburger Schulbehörde, liege ein »wichtiger Grund« vor, ihnen Unterricht nach deutschen Maßstäben zu ersparen.

Japaner, sagt Frau Podeus, »betrachten wir nicht als Einwanderer«, wie beispielsweise die Türken. Die durften in Hamburg keine eigene Grundschule gründen, obwohl jeder dritte hier lebende Türke in seine Heimat zurückkehren möchte – ein Fall von Zwangsintegration.

Koji Suda hat für das Entgegenkommen der deutschen Behörden eine andere Erklärung: Einige tausend Deutsche arbeiten allein in Hamburg bei japanischen Firmen. Die Internationale Schule, eine ebenfalls im Hamburger Westen gelegene Eliteschule für derzeit 559 Kinder aus vierzig Ländern, bekommt aus ähnlichen Gründen aus dem Wirtschaftsetat der Hansestadt jährlich einen Personalkostenzuschuß von rund einer Million Mark. Man wolle, erläutert ein Sprecher der Wirtschaftsbehörde, »für die Familien und Kinder ausländischer Manager ein adäquates Umfeld schaffen«.

So wissen die Hamburger Japaner nur aus der (japanischen) Zeitung von der Ausländerfeindlichkeit der Deutschen. Beunruhigt sind sie dennoch – ein Schüler habe ihr von Leuten erzählt, berichtet die Deutschlehrerin Gaberiele Lange, »die haben eine Glatze und Stachel an den Händen und machen immer so« – sie hebt den rechten Arm – »und die gibt es in Ostdeutschland«.

Wirklich zu spüren bekommen die Japaner nur ein anderes deutsches Vorurteil: daß sie reich seien. Bei ihnen wird bevorzugt eingebrochen.

*

Verhaltensbiologen nehmen an, daß der Mensch seine Gefühle und Handlungsmotive nicht selbst erzeugt, sondern ein genetisch festgelegtes Repertoire erbt, das in den Jahrmillionen des Weges vom Affen zum Menschen entstand und durch Evolution ständig weiterentwickelt und verbessert wurde. Solange die Menschen als Jäger und Sammler durch die Welt zogen, war der Zusammenhalt der Gruppe für den einzelnen lebensnotwendig. Andere, Fremde, aber waren zunächst einmal Angehörige einer anderen Gruppe, mit der man um Jagdgründe oder fruchtbaren Boden konkurrieren mußte.

Sie waren eine Bedrohung; jedem Fremden gegenüber war Mißtrauen angebracht.

Ein solches Ur-Verhaltensmuster, sagt die Theorie, hätten die Menschen nicht in den wenigen Jahrhunderten aufgeben können, in denen einige von ihnen versuchten, sich mit friedlichen Mitteln einen Platz fern ihrer Heimat, in einer fremden Gesellschaft zu sichern. (Kolumbus allerdings ist freundlich begrüßt worden – ein Fehler, wie sich bald herausstellte.)

Sind wir also Gefangene unserer Gene, unwiderruflich verurteilt, Fremde zu hassen und als Fremde gehaßt zu werden? Wohl kaum. Die Verhaltensbiologie beschreibt nicht unentrinnbare Zwänge, sondern Dispositionen; manche Empfindungen und Handlungen liegen uns näher als andere. Fremdenhaß, könnte man sagen, ist nur der erste unüberlegte Reflex auf das Erscheinen des anderen. Bekanntheit, Verstehen, Vertrautheit wären dann wirksame Mittel, ihn zu überwinden.

*

Viele Deutsche fragen sich in diesen Wochen, was sie gegen Rassismus unternehmen können. Hier einige ganz praktische Tips:

Schreiben Sie einen Brief an den CDU-Generalsekretär Volker Rühe (Friedrich-Ebert-Allee 73, 5300 Bonn 1) und bitten Sie ihn, seine hysterische Anti-Asylkampagne einzustellen.

Setzen Sie sich in der U-Bahn das nächste Mal neben einen Afrikaner.

Widersprechen Sie am Stammtisch, wenn die Asylantenjagd beginnt.

Fragen Sie nach der Herkunft der Dinge, die Ihnen das Leben angenehm machen: Baumwolle und Bananen, Tee, Kaffee und Kakao, Seide und Öl, Pfeffer, Kupfer, Eisen, Zinn und und.

Besuchen Sie die nächste Veranstaltung mit Ausländern, und lassen Sie sich überraschen, was Sie dort alles zu hören bekommen.

Laden Sie einen Skinhead auf einen Ouzo ein.

Kaufen Sie Obst beim Türken (wenn Sie es nicht sowieso schon tun).

Lesen Sie das Buch »Leben mit den Deutschen« des Iraners Bahman Nirumand (oder etwas Vergleichbares).

Wenn Sie noch andere Einfälle haben, sagen Sie sie Ihren Nachbarn weiter.

Mitarbeit: Hanni Chill, Karl F. Kassel, Philipp Maußhardt

Hans-Peter Canibol, Harald Schumacher, Roland Stimpel

■ Angst vor Dynamikern

Nach dem Krieg kam er mit leeren Taschen aus dem Osten, heute setzt er im Jahr 100 Millionen Mark um und beschäftigt 540 Leute. Für die ist der Firmenpatriarch nur der »Herr Doktor«; wenn er durch seine blitzsauberen Fabriken stolziert, begrüßen sie ihn mit Handschlag und tiefem Diener. Natürlich ist er beim Aufbau der neuen Bundesländer dabei, das jüngste und bald größte seiner drei Werke steht in Zwickau.

Der Wirtschaftswunder-Mann Gyula de Meleghy, der VW und BMW, Daimler und Ford mit Karosserieteilen beliefert, mußte einst aus politischen Gründen Ungarn verlassen. Käme er heute, erhielte er statt Starthilfekrediten eine Matratze im Massenlager, körperliche Schläge von Neonazis und verbale Ohrfeigen von Politikern.

Für den Berliner CDU-Fraktionsvorsitzenden Klaus Landowsky etwa würde de Meleghy wohl zu jenen gehören, die »bettelnd, betrügend, ja auch messerstechend durch die Straßen ziehen« und »nur weil sie das Wort Asyl rufen, dem Steuerzahler auf der Tasche liegen«.

Landowsky setzt auf die Angst, die viele Deutsche vor den de Melegys von heute verspüren. Die Neuen gelten als Konkurrenten. Sie erwecken Sorge um Arbeitsplätze und Wohnungen, um Sozialmittel und Subventionen, um Plätze in der Uni oder in der U-Bahn. Wissenschaftlich-nüchterne Betrachtung zeigt jedoch, daß diese Angst rational nicht begründbar ist.

Im Gegenteil – aktuelle Berechnungen des Rheinisch-Westfälischen Instituts für Wirtschaftsforschung (RWI) in Essen im Auftrag der *Wirtschaftswoche* ergeben: Beim Sozialprodukt wie bei den Sozialkassen, in der Industrie wie in der Infrastruktur haben die Zuwanderer der letzten Jahre die Volkswirtschaft befruchtet und belebt.

3,5 Millionen Menschen sind seit 1988 nach Westdeutschland gekommen – 1,2 Millionen deutschstämmige Aussiedler aus Osteuropa und Sowjetasien und 900 000 Ostdeutsche. Die Zahl der Bürger anderer Staaten erhöhte sich zugleich um 1,4 Millionen – die eine Hälfte EG-Bürger und Angehörige von schon hier lebenden Ausländern, die andere Asylsuchende.

Nach der Rechnung des RWI ist das Sozialprodukt von 1991 dank der Hinzugekommenen um 3,5 Prozent größer, als es ohne sie wäre – ein Gewinn von 90 Milliarden Mark. Erzeugt haben ihn alle drei Gruppen von Zuwanderern.

Sicher: Rein volkswirtschaftlich betrachtet erscheinen die Neuankömmlinge erst einmal als Belastung. Durch die vielen Nicht- und Geringverdiener sowie durch ihre zumindest anfangs geringere Produktivität fallen die Durchschnittseinkommen in Deutschland kleiner aus. Doch für den einzelnen sind diese Veränderungen kaum oder gar nicht spürbar. Und auch gesamtwirtschaftlich übertreffen die Positiveffekte langfristig die Negativwirkungen.

Zuwanderer: Gewinn für Staats- und Sozialkassen 1991

	Milliarden Mark
Steuern und Sozialabgaben der Zuwanderer	29
Einkommensgewinne von Deutschen durch Zuwanderer, dadurch höhere Steuern und Sozialabgaben	25
Einsparung an Sozialabgaben durch Mehrbeschäftigung	3
Öffentliche Zuwendungen an Zuwanderer	–16
Gewinn für öffentliche Kassen	41

Quelle: RWI, Berechnung für Zuwanderer der Jahre 1988–1991

Unterm Strich machen sich die neuen Mitbürger an allen Ecken und Enden nützlich. Sie kaufen hiesige Produkte, sie veranlassen die Unternehmen zu höherer Produktion und zusätzlicher Investition. Dabei nehmen sie nicht etwa den Deutschen von ihrem Kuchen etwas weg, sondern backen ihn fleißig mit: Eine Million hat bereits Arbeit gefunden – viele machen Jobs, die sonst unbesetzt geblieben wären. Zahlreiche Unternehmen können dank der willigen und billigen Kräfte ihre Kapazitäten ausweiten.

Nur scheinbar ist die eine Million Stellen für die Einheimischen verloren: Wie das RWI errechnete, stehen ihnen etwa 1 020 000 zusätzliche Jobs für Alteingesessene gegenüber. »Die Zuwanderer haben per saldo die Arbeitslosigkeit in Westdeutschland vermindert«, folgert Hans Dietrich von Loeffelholz, Abteilungsleiter beim RWI.

Das wird auch in anderen Instituten so gesehen. Hans-Peter Klös vom Institut der deutschen Wirtschaft (IW) in Köln: »Der Arbeitsmarkt hat den massiven Zuwanderungsdruck erstaunlich gut verkraftet. Für eine Verdrängung Einheimischer gibt es keine Belege.« Im Gegenteil: Die Zuwanderer nehmen oft die schlechtesten Jobs und verhelfen dabei deutschen Kollegen zu besser bezahlten Leitungsfunktionen. Wenn die Neuen kommen, wird ein Schlosser zum Werkmeister, die Verkäuferin verstärkt das Personalbüro.

Manche etablierte Westdeutsche verdienen dank der neuen Kollegen besser, andere beanspruchen weniger Sozialleistungen. Diese indirekte Entlastung der öffentlichen Hilfstöpfe addiert das RWI auf 28 Milliarden Mark. Noch größer ist der direkte Beitrag der Zuwanderer: 29 Milliarden zahlen die Neuen dieses Jahr in Steuer- und Sozialkassen ein. Zusammen macht beides 57 Milliarden Mark.

Freilich entstanden durch die Zuwanderung auch gewaltige Kosten vom Sprachkurs bis zur Sozialhilfe. Die direkten Staatsausgaben schätzt das RWI in diesem Jahr auf rund 16 Milliarden Mark. Dies von den 57 Milliarden Mark zusätzlichen Einnahmen abgezogen, ergibt nach der Bilanz des Instituts 1991 einen Nettogewinn für die öffentlichen Haushalte von rund 41 Milliarden Mark.

Auch die öffentliche Infrastruktur von der Schnellstraße bis zum Schwimmbad wird durch die Zuwanderer nicht übermäßig belastet. Sie lassen sich mit Vorliebe in Gegenden nieder, die die Einheimischen ohnehin verlassen: großstädtische Industrieregionen etwa im Ruhrgebiet, die ohne Ausländer längst ausgeblutet wären. Hier vor allem ziehen sie in die alten Wohnungen, retten Straßenbahnlinien vor der Stillegung und schicken ihre Kinder auf Schulen, die sonst wegen Pillenknicks längst geschlossen wären. »So bleiben den Deutschen oft schmerzhafte Einschnitte in der Infrastruktur erspart«, sagt RWI-Mitarbeiter Arne Gieseck.

Der Wohnungsmarkt ist zwar auch wegen der Zuwanderer angespannt. Den größten Nachfragedruck üben hier jedoch die Einheimischen aus. Dank gestiegener Einkommen beanspruchen sie jedes Jahr etwa 30 Millionen Quadratmeter zusätzlich – die gesamte Wohnfläche einer Stadt wie Köln. 35 Quadratmeter hat der durchschnittliche Westdeutsche bereits, die Neuen sind dagegen zunächst gezwungenermaßen bescheiden: 4,5 Quadratmeter stehen einem Asylbewerber zu. Und Einwanderer, die hier leidlich etabliert sind, tragen das Ihre zur Behebung des Wohnungsmangels bei: Schon 135 000 deutsche Türken haben einen Bausparvertrag.

Andere verstärken den selbständigen Mittelstand: Rund 140 000 ausländische Unternehmer gibt es im Land. Ihren Umsatz schätzt Faruk Sen, Volkswirtschafts-Professor und Leiter des Essener Zentrums für Türkeistudien, auf 100 Milliarden Mark pro Jahr, die jährlichen Investitionen auf über 20 Milliarden.

Nach Sens Untersuchungen zieht es jetzt viele von ihnen nach

Ostdeutschland. Mehr als 15 000 türkische Unternehmer haben nach einer Hochrechnung Sens bereits ihre Fühler nach Osten ausgestreckt – werden nun aber oft von der Gewaltwelle abgeschreckt. Aber auch die westdeutschen Türken helfen dem Osten. Sen: »Sie steuern per Solidaritätsbeitrag rund 450 Millionen Mark zum Aufbau bei.«

Für Zahlen wie diese und die vom RWI interessierten sich Bonner Politiker in den letzten Monaten wenig – sie paßten nicht in die Stimmung. Wenn allerdings Zuwanderer gern gesehen sind, wie Ende der achtziger Jahre deutschstämmige Aussiedler aus Osteuropa, kann ihnen auch die Bundesregierung eine Menge abgewinnen. 1989 ließ das Bundesinnenministerium vom Kölner Institut der deutschen Wirtschaft deren Beitrag zur westdeutschen Volkswirtschaft untersuchen.

Der Trend ist der gleiche wie in der RWI-Studie: »Verjüngung der Altersstruktur. Ausgleich des Arbeitskräftemangels. Nachfrage-, Wachstums- und Beschäftigungsimpulse, gravierende Entlastung der Kranken- und Rentenversicherung« und schließlich »zusätzliche Steuereinnahmen, die die Lasten der Eingliederung immer stärker übersteigen.«

Was für Aussiedler gilt, könnte eine rationale Einwanderungspolitik auch bei Ausländern erreichen. Wird der Zuzug nach Deutschland gesteuert, halten sich die Integrationsprobleme in Grenzen. Ein afghanischer Emigrant mit Darmstädter Ingenieurdiplom dürfte leichter einzugliedern sein als ein deutschstämmiger Kolchosbauer aus Kasachstan.

Eingliederungsexperten sind überzeugt, daß schon der ungeregelte Zustrom von heute Deutschland neue Potentiale verschafft – die aber oft zwangsweise brachliegen, weil die Zuwanderer keine Arbeitserlaubnis erhalten. So Gustav Koch, Direktor der bundeseigenen Deutschen Ausgleichsbank in Bonn. »Es ist volkswirtschaftlich der größte Blödsinn, qualifizierte Kräfte nicht arbeiten zu lassen.«

Kochs Institut hat in den vergangenen 40 Jahren mehr als 3000 Flüchtlingen aus aller Welt Existenzgründungshilfen gegeben – Leuten wie dem einst mittellosen Gyula de Meleghy, persischen Bauingenieuren wie somalischen Ärzten. »Unter Asylbewerbern sind die tollsten Leute – aber ihre Kapazität wird hier einfach nicht genutzt.« Erst seit Juli ist das Arbeitsverbot für Flüchtlinge aufgehoben, die in Deutschland um Asyl nachsuchen. Ein beachtlicher Teil von ihnen bemüht sich seitdem um Stellen – muß allerdings zurückstecken, wenn das Arbeitsamt einen geeigneten deutschen Arbeitslosen findet.

Ansonsten wären leistungsschwache Einheimische tatsächlich von Verdrängung bedroht. Herbert Leuninger von der Arbeitsgemeinschaft Pro Asyl: »Wer in einer Diktatur die hohen Fluchthürden überwunden und den schwierigen Weg nach Deutschland geschafft hat, der dürfte hier allemal zum dynamischsten Teil der Bevölkerung zählen.«

Und Dynamiker braucht das Land. Nach bisher unveröffentlichten Zahlen des vom Bundesinnenministerium betreuten Arbeitskreises Bevölkerungsprognose sinkt die Zahl der Deutschen in den kommenden vierzig Jahren von 74 auf 60 Millionen. Die Zahl der hier lebenden Ausländer nimmt dagegen allein durch den Geburtenüberschuß von 5,4 auf 8,9 Millionen zu.

Viel zu viele? Wenn die Deutschen ihren Sozialstaat erhalten wollen, viel zu wenige. Nach den Statistiken des Verbands Deutscher Rentenversicherungsträger (VDR) kommen heute noch fast drei 20- bis 60jährige Bürger auf einen Älteren. Ohne Einwanderung hat im Jahr 2040 fast jeder im Erwerbsalter seinen eigenen Rentner, den er irgendwie durchfüttern muß. Die Abgaben für die Alten, fürchtet der VDR, könnten dann auf 40 Prozent der Arbeitseinkommen klettern.

Es gibt also in Deutschland nicht nur den oft beschworenen, von außen kommenden Einwanderungsdruck. Ebenso stark wird bald der Einwanderungssog sein, der von drinnen in die Welt gehen muß. Und dennoch wächst der Ausländerhaß. Eine Begründung liefert Wilhelm Heitmeyer, Soziologieprofessor an der Universität Bielefeld und einer der meistzitierten Experten zum Thema Rechtsextremismus. Nach seiner Ansicht schlagen Sachargumente eben nicht »auf die Wahrnehmungsebene« der Skinheads durch. Deren Haß sei nicht in Einwanderungsstatistiken oder persönlichen Konflikten mit Fremden begründet, sondern im eigenen Lebensgefühl. Und ein emotionales Problem, so Heitmeyer, »kann man nicht in ein rationales Problem umdefinieren«.

Aber die Einsicht, daß Einwanderung nötig und ökonomisch lohnend ist, hat sich auch bei vielen Politikern noch nicht herumgesprochen. In den sechziger Jahren hießen sie die ersten Arbeiter aus Italien und Spanien auf den Bahnhöfen willkommen. Auch jetzt müßten sie eigentlich ihren Wählern die Notwendigkeit einer umfangreichen Zuwanderung vermitteln. Statt dessen übertreffen sie sich gegenseitig in immer drastischeren ausländerkritischen Äußerungen. Bis hin zu der beliebten Dramatisierung: »Das Boot ist voll« – gerne gebraucht etwa von dem bundesweit bekannten CSU-Spitzenmann Peter Gauweiler.

Die jüngsten Beschlüsse der Bonner Partei- und Fraktionsspitzen sind eindeutig darauf ausgerichtet, Asylbewerber möglichst schnell loszuwerden. Und konservative Wortführer der Unionsparteien setzen weiterhin mit einer massiven Kampagne SPD und FDP unter Druck, um durch eine Änderung des Asylparagraphen im Grundgesetz das Stellen von Asylanträgen zu erschweren. Eine Einwanderungspolitik dagegen gibt es nicht – anders als etwa in den USA, die in den nächsten drei Jahren zwei Millionen Fremde integrieren wollen. Nach guten Erfahrungen: Die Einwanderer aus Ostasien sind hier die ehrgeizigste und aufstrebendste Bevölkerungsgruppe.

Statt sich gleichermaßen um frische Kräfte zu bemühen, spielen deutsche Politiker den Terror gegen Ausländer herunter. Dem erteilt ausgerechnet der Vorsitzende der Anti-Gewalt-Kommission der Bundesregierung Absolution, der Christdemokrat Hans-Dieter Schwind: »Übersteigt der Ausländeranteil die Zehn-Prozent-Grenze, dann wird jedes Volk rebellisch.« Diese Grenze sei in manchen Gemeinden erreicht.

Tatsache ist: Die Aussiedler mitgerechnet, ist die Zahl der Zuwanderer seit 1990 nicht größer geworden, sondern um 200 000 zurückgegangen. Zudem sind die Gewalttäter in ost- und westdeutschen Kleinstädten besonders brutal, wo der Ausländeranteil nur in Promille ausgedrückt werden kann. Berlin-Kreuzberg oder Frankfurt, wo jeder fünfte Ausländer ist, sind gemessen an diesem hohen Anteil ruhig.

Um die Ausländerfeindlichkeit zu bekämpfen, müßte die Politik sich weniger mit den Ausländern als mit den Rechtsextremisten befassen. Von denen haben Soziologen wie Heitmeyer ein klares Bild. Sie seien »von Ängsten und Zweifeln geplagt und kompensieren das, indem sie anderen Angst einjagen«. Viele der aggressiven Jugendlichen haben zwar Arbeit. Aber sie fühlen sich unbeeinflußbaren Wirtschaftsprozessen ausgesetzt, in denen der einzelne keine Rolle spielt. Viele von ihnen stammen auch aus einer intakten Familie. Doch hinter den bürgerlichen Fassaden, so das Ergebnis einer Langzeituntersuchung einer Forschungsgruppe der Uni Bielefeld, sind »die sozialen Bindungen so zerrüttet, daß sie kein Selbstwertgefühl mehr geben können«. Am Ende, so Heitmeyer, bleibt nur »die Gewißheit, Deutscher zu sein – soziale Unterlegenheit wird in deutsche Überlegenheit umdefiniert«.

Mit den Erkenntnissen der Soziologen tun sich Politik und Wirtschaft allerdings schwer. Die gesellschaftlichen Ursachen des Rechtsextremismus lassen sich schließlich nicht von heute auf morgen und auch nicht bis zur nächsten Wahl beseitigen. So werden sie denn weiter ignoriert.

Die einen lamentieren in Sonntagsreden über die »Schande für unser Volk« (Bundeskanzler Helmut Kohl). Die anderen proklamieren folgenlos »die multikulturelle Region Baden-Württemberg« (der Stuttgarter SPD-Oppositionsführer Dieter Spöri).

Allzuviel tun auch die Unternehmer nicht, von denen viele ohne Ausländer ihren Laden dichtmachen müßten. In der allgemeinen Lähmung ist die Aktion von Hans-Ulrich Lindenberg schon bemerkenswert. Das Vorstandsmitglied der Klöckner Stahl GmbH griff Mitte Oktober zum weißen Farbtopf und überpinselte in den Kantinentoiletten der Bremer Klöckner-Hütte ausländerfeindliche Sprüche. Gegen Rassismus müsse man schließlich »im Vorfeld etwas tun«.

Freimut Duve

■ Der Pakt des Anstands und der Verantwortung ist zerbrochen

Am 5. September 1986 lief der Stückgutfrachter Regina im Hamburger Hafen ein. An der Seite des Schiffs war in riesigen Lettern »Cap Anamur II« zu lesen. Die Fracht: 357 vietnamesische Flüchtlinge. Die Boat-People hatte das Schiff im Auftrag der Hilfsorganisation »Deutsche Notärzte« im Südchinesischen Meer aufgefischt. Alle Zeitungen berichteten, alle Fernsehanstalten zeigten die Ankunft in ihren Abendmeldungen. Alle Bundesländer hatten sich bereit erklärt, die Flüchtlinge (nach der vereinbarten Länderquote) aufzunehmen. Hätten die Flüchtlinge schon Deutsch lesen können, die Berichte über ihre Ankunft hätten ihnen das Bild eines friedlichen, fremdenfreundlichen Landes vermittelt.

Fast auf die Woche genau sechs Jahre zuvor, am 22. August 1980, waren in einem Hamburger Wohnheim zwei Vietnamesen ermordet worden. Auch sie waren im Frühjahr 1980 von der Cap Anamur I aufgefischt worden. Drei Molotowcocktails hatten die Täter in ihren Schlafraum geworfen. Die beiden Flüchtlinge sind im Schlaf verbrannt. »Ausländer raus« hatten die rechtsradikalen Attentäter an die Außenwand des Heimes gesprüht.

1980 war ein Wahljahr. Bundestagswahl. Monat um Monat hatte damals die Medienschlacht gegen das Asylrecht und die »Asylantenflut« getobt. Baden-Württemberg und Bayern machten sich zum Vorreiter dieser Kampagne, wie sie sich Jahre zuvor zum Vorreiter verschärfter Lebensbedingungen für politische Flüchtlinge gemacht hatten. Franz Josef Strauß und Lothar Späth waren vom süßen Gift rechtspopulistischer Wahlpropaganda süchtig geworden. Zwei für die demokratische Kultur lebensgefährliche Glücksritter hatten sich seit Ende der siebziger Jahre auf die Reise begeben. Viele sind ihnen gefolgt: Das Asylrecht ist zum schier unerschöpflichen Reservoir für verantwortungslose Propagandisten geworden. Der Stoff, aus dem die Alpträume der Demokraten sind. Vor dem Nordanschlag auf die Vietnamesen waren andere Ausländer Ziel von Bombenattentaten in Zirndorf (30. Juli 1980), in Lörrach (17. August 1980). Nach dem Tod der beiden Vietnamesen wurde die Kampagne jäh gestoppt. Alle Parteien, auch die CSU, drückten ihren Abscheu aus. Erst der Tod konnte eine Wahlkampfschlacht stoppen.

1986 war wieder Wahljahr. In Bayern wurde gewählt, in Hamburg und nach der Jahreswende im Bund. Und wieder mußten die »Asylanten« herhalten, um eine Volksstimmung im Vorwahlkampf hochzupeitschen. Skrupellos hat sich im Sommer 1986 die Rechtspresse ans Werk gemacht, gefolgt von vielen anderen Zeitungen, Tag um Tag gab es Berichte über die »Asylantenflut«. Und Tag um Tag gab es Stimmen aus der Union, die die Verschärfung des Asylrechts und die Einengung des Art. 16 unserer Verfassung forderten. Auf Kosten einer wahlrechtslosen Minderheit mobilisierten Hilfstruppen Haßgefühle.

Mit Zahlen läßt sich leicht spielen. Mit Fotografien und Filmen auch (so veröffentlichte eine Hamburger Illustrierte das Foto eines Mannes, der über einen Schreibtisch gebeugt saß und ein Palästinensertuch um den Kopf geschlungen hatte mit der Bildunterschrift »Paßfälscher in Istanbul«. Auf dem Bild war eindeutig zu erkennen, daß es sich um ein gestelltes Foto handelt. Palästinensertücher werden in der Türkei nicht getragen, und Paßfälscher lassen sich in der Regel auch nicht beim Fälschen fotografieren). Fotos von Asylbewerbern lassen sich täglich machen. Zahlen von »Tausenden« lassen sich täglich veröffentlichen. In der Tat war in Berlin im Sommer

1986 die Zahl der Asylbewerber, die über die DDR in die Bundesrepublik versuchten einzureisen, angestiegen. Aber die Gesamtzahl der Bewerber weist 1986 nur knapp die Zahl des Jahres 1980 aus. Um die Summe künstlich zu vergrößern, wurden vom Innenministerium seit einiger Zeit Tabellen veröffentlicht, in denen auch all jene aufgeführt werden, die nach dem Krieg zu uns gekommen sind, aus Ost- und Südeuropa und nach wie vor den Flüchtlingsstatus haben. Exilungarn mußten 30 Jahre nach ihrer Flucht noch einmal herhalten, um statistisch den Eindruck zu erwecken, sie seien Teil der großen »farbigen Asylantenflut«. Auch der Regierungschef, Bundeskanzler Kohl, heizte eher die Stimmung an, als daß er sich gegen sie zur Wehr setzte. Er hatte den Eid auf eine Verfassung abgelegt, an deren Veränderung er nun mitbastelte.

Bevor der Buchstabe des Grundgesetzes verändert werden sollte, wurden Geist und seine politische Kultur von den Verantwortlichen schwer beschädigt. Erst Brandstifter, dann Biedermann. Seit 1986 ließ Helmut Kohl durchblicken, daß an eine Grundgesetzänderung nicht zu denken sei. Aber der Boden war bereitet. Die Ungeister waren gerufen.

Die Demokratie kann nur überleben, wenn alle politischen Kräfte deren Grundprinzip achten: Minderheitenschutz durch Mehrheitsentscheid. Auch in dem Moment, in dem die Nazis Wahlpropaganda machten mit dem Slogan »Juden sind unser Unglück«, hatten sich die deutschen Faschisten außerhalb des demokratischen Konsens begeben. Aber die Demokratie wird nicht nur bedroht von solchen Verfassungsfeinden, sondern auch von demokratischen Parteien, die die auf Mehrheitsbildung aufgebaute Verfassung mißbrauchen. Mißbrauch der Verfassung ist es, populistisch diese Mehrheiten zu mobilisieren gegen Minderheiten, die sich nicht wehren können.

In jeder Gesellschaft gibt es tief verwurzelte Ressentiments gegen Fremde. Am ehesten überwinden diese Ressentiments häufig jene, die unmittelbar mit den Fremden zu tun haben, obwohl gerade sie mit den wirklichen Problemen konfrontiert sind. »Den Druck im Kessel steigern.« Davon sprach ein Kommunalpolitiker schon vor 5 Jahren. Das heißt, die Probleme verschärfen, den Protest vor Ort bewußt schüren und den Staat zu Reaktionen zwingen. 60 Fremde in einem Dorf von 100 Einwohnern. Das schafft Probleme. Das war so, als in den Dörfern deutsche Flüchtlinge angesiedelt wurden nach 1945, um so mehr, wenn die Fremden heute von weither kommen, eine andere Hautfarbe haben. Das schafft Urängste, die niemand fortlächeln kann.

Minderheitenschutz durch Mehrheitsentscheid? Minderheiten sind real: wirkliche Menschen, Ausländer, Bayern, Polizisten, Asylbewerber, Tamilen, Studenten, Arbeitslose. Mehrheiten sind abstrakt. Sie müssen künstlich addiert und gemessen werden, sie sind Zielgruppen der politischen Propaganda. Vom Grundgesetz gemeinte parlamentarische Demokratie schützt den einzelnen und schützt die Minderheit, denn in vielfältigen Rollen sind alle Bürger Mitglieder von Minderheiten. Gegen diese Prinzipien hat zum erstenmal in der Geschichte der Bundesrepublik eine Regierung verstoßen. Wo sich die Arbeitslosen über die Asylbewerber mehr aufregen als über ihre Arbeitslosigkeit und sie gar noch mitverantwortlich machen können, da lockt der Wahlsieg.

Das Spiel mit dem »gesunden Volksempfinden« ist ein Spiel mit dem Feuer. Sobald die Ressentiments regierungsamtlich werden, sobald der Bericht über ein Dorf, das sich gegen Asylbewerber zur Wehr setzt, in den Köpfen von Millionen von Menschen die Fiktion entstehen läßt, alle Bewohner der Bundesrepublik seien »belastet«, wird es schier unmöglich, am konkreten Ort mit den konkreten Menschen die auftretenden Probleme zu meistern. Das »gesunde Volksempfinden« ist deshalb so lebensgefährlich ungesund, weil es sich im Abstrakten, in der Fiktion entwickelt.

Asylbewerber bieten für solche Kampagnen die ideale Kombination zwischen äußerem und inneren Feind: Sie werden als gefährliche »Vorhut der asiatischen, afrikanischen Menschenmassen« dargestellt, die uns eines Tages »im Innern überschwemmen«.

Mit der großen Menschenflut aus Asien oder sonstwo ist häufig gedroht worden, wenn Europa Probleme hatte. Ende des vorigen Jahrhunderts hieß die Flut (auch bei Amerikanern und Australiern) »gelbe Gefahr«, Péril Jaune. Yellow Peril. Wo immer ein chinesischer Eisenbahnarbeiter auftauchte, in Natal, in Kalifornien, er wurde zum sichtbaren Vorboten der »gelben Gefahr« erklärt. 1957, vor bald drei Jahrzehnten, hielt der Historiker Heinz Gollwitzer seine Antrittsvorlesung: »*Das Schlagwort von der gelben Gefahr, eine Ortsbestimmung im Zeitalter des Imperialismus.*« Es ist die bisher eindringlichste Untersuchung darüber, wie mit einem Schlagwort, das sich reale Vorgänge jener Zeit zunutze machte, weltweit in den damals neuen Medien der Zeitungen hantiert und manipuliert worden ist. (Es gab chinesische Eisenbahnarbeiter in Kalifornien und im südlichen Afrika, es gab chinesische Wanderarbeiter in verschiedenen Kolonien des britischen Weltreichs in Asien, und Gollwitzer weist nach, wie geschickt dieses Schlagwort benutzt wurde, um imperialistische Expansionspolitik zu untermauern und dafür den nötigen Rückhalt in der Bevölkerung zu bekommen.) Seit der Fraktionsvorsitzende der CDU, Alfred Dregger, mit den Milliarden Farbigen der Dritten Welt droht, ist die Analyse des Schlagwortes von der »Asylantenflut« als Ortsbestimmung im Zeitalter einer Weltwirtschaftsordnung, die im wesentlichen von Hunger und Krieg und neuen Formen der Verelendung in der Dritten Welt geprägt ist, dringend. Sie kann hier nicht geliefert werden. Aber den Blick weiten für das, was da im Sommer 1986 manipuliert, gelogen und geheuchelt wurde, das sollen die hier versammelten Texte.

Wirtschaftsflüchtlinge? Wo sich reiche Europäer eigene Inseln in der Südsee oder in der Karibik kaufen können? Wir sind nicht nur Zuschauer. Wir Europäer und Amerikaner der reichen Welt haben Anteil an einer Welt, die täglich die Reichen reicher und die Armen ärmer macht.

Die politischen Flüchtlinge sind traurige Zeugen einer vielfach gespaltenen Welt. Die reichen Bewohner haben sich den Traum der *einen Welt* durch ein technisch perfektes Netz von weltweiten Verbindungsfäden erfüllt, und sie wollen nicht belästigt werden durch die häßliche Realität. Jede größere Stadt der Erde kann von jeder anderen auf dem Luftweg erreicht werden. Keine Grenzen für Flugzeuge. Weltweit stehen die Telefonanschlüsse miteinander in Verbindung. Hotelketten, American-Express-Karten – die Welt ist zugänglich wie das Oberdeck eines Luxusliners: Für die Erste-Klasse-Passagiere funktioniert die alltägliche Überwindung der politischen Grenzen problemlos. Wer nicht zu den Herrschenden gehört, wer an falsche Götter glaubt, an die Demokratie oder an den von seinen Herren nicht geduldeten jeweils falschen Sozialismus, wer sich als kulturelle Minderheit nicht unterordnen will oder wen das schiere Elend aus der Heimat vertreibt, der muß sich auf den gefährlichen Welttourismus der Underdogs im Zwischendeck einlassen: gefälschte Pässe, zusammengekratztes Geld für Flugtickets und Fluchthelfer. Das »Jahrhundert der Flüchtlinge« hat Heinrich Böll das auslaufende zwanzigste genannt. Millionen sind auf der Flucht, die wenigen, die Europa erreichen, werden behandelt wie Aussätzige. Sie leben in der Wirklichkeit dieser Welt, die bestimmt ist von täglicher Gewalt. Aber für die Weltoffenheit der Science-fiction-

Gesellschaft, zwischen IBM und Interconti, sind sie die falschen Touristen.

Herbert Riehl-Heyse

■ Wem nützt die Asylkampagne?

Mitte dieser Woche, als er gerade nicht die Ablösung eines Münchner Fußballtrainers vorantreiben mußte, hat der bayerische Innenminister die Ansicht vertreten, Ausländer seien »Menschen und kein Freiwild«. Die Auskunft, die – wohl wegen ihres Neuigkeitswertes – sofort der Presse übergeben wurde, weckte zwiespältige Gefühle. Denn einerseits ist eine solche Klarstellung gerade aus dem Hause Stoiber natürlich vorbehaltlos zu begrüßen. Andererseits klingt sie ein wenig so, als rufe da ein leicht erschrockener Brandstifter nach der Feuerwehr. Gewiß nämlich hat Edmund Stoiber die Anschläge nicht gewollt, die er da so kräftig verurteilt hat. Aber schwer zu bestreiten ist leider, daß er, zusammen mit manchem Politiker (und mancher Zeitung, die in handgestrickten Umfragen die angebliche Volkswut registriert und damit noch angeheizt hat) sein Teil dazu beigetragen hat, wenn neuerdings in Deutschland Benzin-Bomben auf kleine Libanesinnen geworfen werden.

Nun wäre es ja abwegig, zu behaupten, daß die Ausländerfrage kein wichtiges politisches Thema und gar nicht der Debatte wert sei. Liberale aller Schattierungen tun sich manchmal ziemlich leicht, wenn sie gegen die Diskriminierung von Fremden auf die Straße gehen und dabei vehement die multikulturelle Gesellschaft fordern, die für sie im wesentlichen vielleicht aus einem ausreichenden Angebot von italienischen und chinesischen Speiselokalen besteht. Wer alle Probleme in diesem Zusammenhang leugnet, lebt in der Regel nicht in einem Mietshaus, in dem die Behörde 20 Vietnamesen in eine Dreizimmerwohnung gepfercht hat und nicht in der Nähe jener finsteren Gegenden, in denen afrikanische Desperados den Schulkindern Heroin zu verkaufen versuchen. Die Schwierigkeiten sind leider mit Händen zu greifen, in die auch ein reiches Land geraten muß, wenn Arme und Verzweifelte aus der ganzen Welt bei ihm ihre Zuflucht suchen. Und natürlich müssen die Politiker darüber nachdenken, wie sie mit diesen Schwierigkeiten umgehen.

Nun gibt es aber viele Probleme auf der Welt und in Deutschland, die ebenfalls ungelöst sind, ohne daß deshalb die Emotionen so unglaublich hochgingen, wie in diesem Fall. Könnte es also sein, daß Aufregungen künstlich erzeugt werden, nur weil das gerade in jemandes Kalkül paßt, der zum Beispiel Karriere machen muß oder auch nur höhere Auflagen seiner Zeitschrift? Wer einen solchen Verdacht für abwegig hält, sollte sich vielleicht daran erinnern, wie heftig vor gut drei Jahren hierzulande über die Krankheit Aids gestritten wurde. Über Monate hinweg wurde damals, unter starker Mithilfe aller Medien, der Eindruck erweckt, das Volk werde demnächst von der Seuche ausgerottet, wenn die »Risikogruppen« nicht streng überwacht und die Infizierten nicht in Lagern zusammengezogen würden; heute ist die Gefahr, die man gewiß nie unterschätzten durfte, überhaupt nicht geringer geworden, aber sie wird so gut wie nicht mehr öffentlich debattiert; vielleicht auch deshalb, weil der Politiker, der die Debatte seinerzeit mit vollen Backen aufgepustet hatte, inzwischen das Ressort gewechselt und dort noch kein Thema gefunden hat, mit dem er noch berühmter werden könnte.

Schon die Aids-Debatte hat zu einer Massenhysterie geführt, bei der Leute einander argwöhnisch beobachteten, wenn sie aus demselben Wasserglas trinken mußten. Die aktuelle Ausländerdebatte aber ist womöglich noch gefährlicher, weil sie nicht nur viele Ängste weckt, sondern auch noch an die niedrigsten Instinkte von Leuten appelliert, die ohnehin in schlimmer Tradition die Fremden für minderwertig halten: mit schrecklichen Folgen, wie sich inzwischen zeigt. Wenn es also je einen Fall gegeben hat, in dem man ein unleugbares Problem sensibel und verantwortlich hätte diskutieren müssen, dann beim Thema Asylbewerber. Aber das ist offenbar in Deutschland zuviel verlangt.

Es geht nämlich immer wieder darum, Themen zu besetzen, Punkte zu sammeln, Wahlen zu gewinnen – und da ist offenbar alles erlaubt. Es war mitten im bayerischen Landtagswahlkampf 1986, als zum erstenmal die CSU im großen Stil das Thema aggressiv in den Vordergrund schob und die bayerischen Behörden mit der Umverteilung von Asylbewerbern in die kleinsten Gemeinden drohten – aus heiterem Himmel fast und nicht, weil sich die Lage plötzlich dramatisch zugespitzt hätte.

Es kam, wie es kommen mußte: Strauß gewann haushoch die Landtagswahl (hielt auch die Republikaner nieder, die ihm plötzlich gefährlich geworden waren), woraufhin das Gespenst der Überfremdung sofort wieder in die Requisitenkammer gestellt wurde. Aus der hat man es danach nur gelegentlich wieder herausgeholt –

und erst im Sommer 1991 wieder frisch kostümiert, als die Lage das wieder erforderte. Mehrere Landtagswahlen hintereinander hatte die Union verloren, immerzu redeten die Wähler von »Steuerlügen« und Arbeitslosen in Magdeburg und Schwerin: Da bot es sich einfach an, wieder einmal kategorisch die Änderung des Asylartikels im Grundgesetz zu verlangen. Das lenkte ab und war auch nicht weiter riskant, weil ohnehin klar war, daß es dafür keine Mehrheit geben würde und also auch nie bewiesen werden müßte, daß eine solche Änderung die Probleme löst.

Sie sollen übrigens auch gar nicht gelöst werden, das ist nicht das erste Ziel der Kampagne. Das erste Ziel ist es, den politischen Gegner in die Ecke zu treiben, aus gewöhnlichen Asylanten etwas noch Schlimmeres zu machen, nämlich »SPD-Asylanten«, wie sich der Generalsekretär Huber aus München auszudrücken beliebte. Dieser Tage ist ein Papier von Hubers Kollegen Rühe aufgetaucht, in dem dieser seine Orts- und Kreisfunktionäre detailliert darüber aufgeklärt hat, wie man es anstellt, die »Asylpolitik zum Thema zu machen und die SPD dort herauszufordern«.

Wer gelesen hat, wie da mit Hilfe von »Argumentationsleitfäden« und »Musterpresseerklärungen« landesweit danach gefragt werden soll, ob Asylbewerber womöglich in »Hotels untergebracht« sind, was das kosten könnte und ob Ausländer etwa zuviel staatliche Unterstützung in Anspruch nehmen, weiß endgültig, wie man generalstabsmäßig Neid und Wut produziert. Und wenn dann bei einer Horde von Wirrköpfen (die sich nach solchen Debattenbeiträgen in bester Gesellschaft wähnen) aus Neid Haß wird, stehen die Generalstäbler betroffen daneben und wundern sich über die plötzlich ausgebrochene Gewalt.

Ein paar Tage lang hat es so ausgesehen, als gäbe es so etwas wie eine überparteiliche Übereinkunft, daß es nun genug sei und daß endlich gemeinsam das Mögliche in Angriff genommen werden müßte. Unmittelbar nach der Einigung aller Partei- und Fraktionsvorsitzenden hat dann der bayerische Innenminister gesagt, sie sei leider nicht praktikabel, während sein Bonner Kollege inzwischen – mit einem über Nacht gebastelten Gesetzentwurf – zur Abwechslung die Änderung der Verfassung verlangt. Dann bis zu den nächsten Überfällen und Brandbomben und Beteuerungen, welche Schande die seien. Eine Schande ist aber auch die allgemeine Heuchelei.

Herbert Richl-Heyse ist Reporter der »Süddeutschen Zeitung« in München

3. Der tägliche Rassismus in Deutschland. Eine Chronik

Dienstag, 17. September:
Hoyerswerda: Beginn der Ausschreitungen.

Mittwoch, 18. September:
Freiburg i. B.: Brandanschlag auf Aussiedlerheim.
Deuben/Tackau, Landkreis Hohenmöhlsen: Angriff auf Asylbewerberheim.

Donnerstag, 19. September:
Freiburg i. B.: Jugendliche zünden Silvesterkrachen vor Asylbewerberwohnheim.
Saarlouis: Brandanschlag auf Wohnheim, ein Ghanaer getötet, zwei Nigerianer verletzt.

Freitag, 20. September:
Sarwellingen: Brandanschlag auf Ausländerheim.

Sonnabend, 21. September:
Thiendorf bei Dresden: Angriff auf Asylbewerberheim.
Jüterbog: Steinwürfe auf Asylbewerberheim.
Springe-Steinkrug: Brandanschlag auf Asylbewerberheim.
Wesendahl: Scheiben eines Asylbewerberwohnheims eingeworfen.

Sonntag, 22. September:
Freiburg i. B.: Molotowcocktail in Asylbewerberwohnheim.

Montag, 23. September:
Weingarten im Kreis Ravensburg: Ein 24jähriger Bundeswehrangehöriger entzündet ein Holzkreuz vor einem Übergangswohnheim für Deutschstämmige aus Rumänien und der Sowjetunion. Schmiererei: »Haut ab«.
Kenzingen: Brandanschlag auf Wagen eines polnischen Paares.

Dienstag, 24. September:
Bodelshausen bei Tübingen: Unbekannte beschmieren ein Haus, in dem jugoslawische Asylbewerber wohnen, mit Judenstern, Hakenkreuzen, SS-Runen und Parolen.
March-Neuershausen bei Freiburg i. B.: Im Hof eines Asylbewerberwohnheims wird ein Fahrradanhänger angezündet; mit Naziparolen und -symbolen beschmierte Wände.
Dresden: Brandanschlag auf ein Asylbewerberwohnheim.

Mittwoch, 25. September:
Schwedt: Brandanschlag auf ein Ausländerwohnheim.
Tambach-Dietharz im Kreis Gotha: Molotowcocktails auf Ausländerheim.
Münster: Brandanschlag auf Asylbewerberheim. Zwei Nigerianer schwer verletzt.
Hamburg: In einem Container-Dorf werden Türen und Fenster eingeschlagen.
Essen: Brandanschlag auf Asylbewerberheim.

Donnerstag, 26. September:
Ahlen in Westfalen: Brandanschlag auf einen Hof, der zu einem Asylheim umgebaut, aber noch nicht bezogen wurde.
Hannover: Fenster eines Asylbewerberheimes eingeworfen.

Freitag, 27. September:
Brandenburg: Angriff auf ein Wohnheim für kubanische und deutsche Arbeiter.

Freitag, 27. September:
Herford: Vermummte, mit Stöcken bewaffnete Jugendliche werfen Steine gegen Ausländer und skandieren »Russen raus«.
Wallendorf: Brandsätze gegen Asylbewerberheim.
Recklinghausen: Brandsätze und Steine auf ein Wohnheim von Sinti und Roma.

Sonnabend, 28. September:
Weißenfels, Sachsen-Anhalt: Unbekannte umlagern Asylbewerberheim, Pistolenschüsse.
Altenow bei Cottbus: Scheiben eines von Rumänen und Vietnamesen bewohnten Asylbewerberheims zerstört.

Pätz bei Königswusterhausen: Zehn Personen werfen die Scheiben eines Asylbewerberheims ein.
Steinhagen: Brandsatz gegen Wohncontainer von Indonesiern.
Marl: Brandsätze gegen Containerdörfer.
Neubrandenburg: Rechtsradikale verprügeln zwei Vietnamesen.

Sonntag, 29. September:
Burgwedel: Brandanschlag auf ein Asylbewerberheim.
Lünen: Steinwürfe auf ein Containerdorf.
Issum am Niederrhein: Brandsätze auf Asylbewerberheim.
Edemissen in Niedersachsen: Steine in Wohnungen von Asylbewerbern.
Meckelfeld: Türkische Familien werden mit Feuerlöschern attackiert.
Reichenbach und Chemnitz: Brandsätze gegen Ausländerwohnheime.
Greifswald: Überfall auf Heim für Asylsuchende und Autos.
Neumünster: Brandsätze auf Asylbewerberheim.
Büdelsdorf: Steine auf Asylbewerberheim.

Montag, 30. September:
Bochum: Brandanschlag auf Wohncontainer.
Ilmenau in Thüringen: Neonazis attackieren ausländische Studenten mit Baseballschlägern.
Dresden: Brandanschlag auf linksalternatives Café.
Cottbus: Rechtsradikale attackieren Passanten, ein durch Messerstiche Schwerverletzter.

Dienstag, 1. Oktober:
Hamburg: Brandanschlag auf Ausländerunterkunft.
Herford: Molotowcocktails auf Heim für Asylsuchende und Aussiedler.
Dortmund, Duisburg und Frechen: Fensterscheiben von Flüchtlingsheimen demoliert.
Bad Honnef: Zwei Bleikugeln durchschlagen Fenster eines Asylbewerberheimes.
Recklinghausen: Brandanschlag auf Gebäude des deutsch-türkischen Vereins.
Freiburg: 5. Brandanschlag auf dieselbe Fremdenunterkunft.
Schwerin: 2. Brandanschlag auf Asylbewerberheim in drei Tagen.

Donnerstag, 3. Oktober (Tag der Einheit):
Hünxe: Brandanschlag auf Fremdenheim, zwei libanesische Kinder (6 und 8 Jahre) schwer verletzt.
Krefeld: Deutscher sticht Türken nieder.
Amminkeln: Vier Asylbewerber bei Angriff auf ihre Unterkunft verletzt.
Rügen: Brandanschlag auf Holzbaracke. Zwei Asylbewerber verletzt.
Rostock: Brandflaschen gegen ein Ausländerwohnheim.
Kühlungsborn: Angriff auf Asylbewerberheim.
Luckenwalde: Steine auf Asylbewerberheim.

Freitag, 4. Oktober:
Seesen: Brandanschlag auf ein Reihenhaus, das von zwei türkischen und einer deutschen Familie bewohnt wurde.
Eberswalde: Jugendliche schlagen Fensterscheiben sowjetischer Familien ein.
Berlin: Unter den Linden verprügelten Skinheads unter »Sieg Heil«- und »Heil Hitler«-Rufen einen Passanten.

Sonnabend/Sonntag, 5./6. Oktober:
Meiningen, Gotha, Greiz und Streufdorf (Thüringen): Angriffe mit Brandsätzen, Flaschen, Steinen und Eisenstangen auf Flüchtlingsunterkünfte.
Kirchheim/Teck: Brandanschlag auf Türken-Haus.
Brühl (Baden-Württemberg): Skinheads überfallen vier nigerianische Asylbewerber.
bei Karlsruhe: Brandanschlag auf ein Asylbewerberheim.
Osnabrück: Brandanschlag auf ein Asylbewerberheim.
Buchholz (Niedersachsen): Asylbewerberheim mit Brandflaschen beworfen.
Halstenbek (Schleswig-Holstein): Scheiben eines Ausländerwohnheims eingeworfen.
Schwedt: Fenster eines Asylbewerberheims eingeworfen.
Bad Liebenwerda: Asylbewerberheim mit Brandflaschen beworfen.
Storkow, Treuenbrietzen, Struwenberg (Brandenburg): Asylbewerberheime angegriffen.
Rostock: 30 Jugendliche griffen ein Rumänen-Wohnheim an.
Gotha: Unbekannte werfen einen Sowjetsoldaten aus dem Fenster. Der Mann wurde schwer verletzt.

Schwalmtal (bei Mönchengladbach): Gasflasche gegen einen Wohncontainer.
Hamburg: Brandanschlag mit Nitro-Verdünnung und Benzin auf portugiesisches Restaurant, Brandanschlag auf Lkw einer türkischen Spedition, Neo-Nazis zerstörten KZ-Gedenkstätte und sprühten Parolen, zerstörten Telefonleitungen zu einem Ausländerwohnheim, Fenster eines Asylbewerberheims eingeworfen.
Jesteburg, Buchholz, Lübeck, Neumünster: Gröhlende Jugendliche vor Ausländerheim, die das Auto eines Libanesen anzündeten, Skinheads warfen Molotowcocktails in Asylbewerberunterkünfte, Brandanschlag im Treppenhaus eines Wohngebäudes, in dem überwiegend Ausländer leben, Brandanschlag auf eine Geschäftsstelle der »Grünen«, die sich für 80 Asylbewerber, die in der Anscharkirche von Neumünster Zuflucht gefunden haben, einsetzen.

Montag, 7. Oktober:
Empfingen: Molotowcocktails auf Heim für Aussiedler aus Rußland.
Nagold: Brandsätze in Aussiedlerunterkunft.
Seltingen-Oberflacht: Pflastersteine gegen Aussiedlerwohnung.
Grünberg/Hessen: Skinheads überfallen von 90 Menschen bewohntes Heim.
Schöneck: Dunkelhaarige Deutsche von zwei Unbekannten angegriffen und mit Messerstichen verletzt.
Mücke-Atzenhain, Baunatal und Michelstadt: Wohnheime mit Molotowcocktails und Pflastersteinen angegriffen.
Karlsruhe: Drei rumänische Asylbewerber werden von drei Deutschen auf der Straße angegriffen und zum Teil schwer verletzt.
Bibertal/Gießen: Wohnheim mit 44 Flüchtlingen mit Molotowcocktails angegriffen.
Saarbrücken: Zwei schwarze Flüchtlinge auf offener Straße von einem Skinhead mit Messer angegriffen, Busfahrer verweigerte den beiden Schutzsuchenden den Zutritt zu seinem Bus.
Saarlouis: Junger Italiener von vier Skinheads schwer mißhandelt.
Obernkirchen (Niedersachsen): Brandsätze gegen Haus, in dessen Nebentrakt Asylbewerber leben.
Ottweiler (Saarland): Polizei konnte einen Anschlag von 60 Randalierern gegen ein Wohnheim für Asylbewerber verhindern.

Dienstag, 8. Oktober:
Eschwege (Hessen): Vor dem Eigenheim eines Mannes aus Zaire vergossen zwei maskierte Männer Benzin und zündeten es an.
Schoeneck (Hessen): Zwei Männer stechen eine deutsche Frau mit dem Ausruf »Drecks-Ausländerin« nieder.

Mittwoch, 9. Oktober:
Hückeswagen (Nordrhein-Westfalen): Brandanschlag auf Asylbewerberunterkunft, das Erdgeschoß brannte aus.
Bad Säckingen (Baden-Württemberg): Ein Flüchtlingsheim wird mit Steinen beworfen.
Unna-Massen (Nordrhein-Westfalen): Fensterscheiben einer Aussiedlerunterkunft werden mit Eisenstangen eingeschlagen.
Troisdorf, Bochum: Brandanschläge auf Ausländerwohnheime.
Wächtersbach (Hessen): Jugendliche versuchen auf dem Dach eines Asylbewerberheimes Feuer zu legen.

Donnerstag, 10. Oktober:
Hürth/Köln: Schüsse auf zwei Ausländerwohnheime.
Leipzig: Zwanzig vermummte rechtsextreme Jugendliche überfielen ein Haus und brachen einem der Bewohner mehrfach den Arm.
Ense/Soest: Asylbewerberheim völlig ausgebrannt. Polizei vermutet Brandstiftung.
Bonn: Molotowcocktails gegen Hauswand eines Asylbewerberheimes.
Düsseldorf: Jüdische Friedhofshalle mit Hakenkreuzen und antisemitischen Parolen beschmiert.

Freitag, 11. Oktober:
Ost-Hessen: Mit Bombenattrappen und Schreckschußpistolen werden die Bewohner zweier Ausländerwohnheime bedroht.
Sachsen-Anhalt, Niedersachsen: Brandanschläge auf zwei Ausländerwohnheime.
Lübben (Brandenburg): Asylunterkunft mit Steinen beworfen und ausländerfeindlichen Parolen beschmiert.
Fulda: Auto einer Ausländerin in Brand gesetzt.
Saarbrücken: Ein Asylant aus Sri Lanka wurde nach eigenen Angaben überfallen, betäubt und auf die Schienen einer Bahnlinie gelegt. Dem Mann wurde von einem Zug ein Bein abgetrennt.

Sonnabend/Sonntag, 12./13. Oktober:
Duisburg-Rheinhausen: Viergeschossiges Wohnhaus mit rund 100 Jugoslawen von einer Gruppe Rowdys belagert, die mehrere Brandsätze in den Hausflur schleuderten.
Lübbecke, Preußisch-Oldendorf (Ost-Westfalen): Anschlag mit brennenden Benzinlappen auf Wohncontainer für Ausländer. In einem Asylbewerberheim zertrümmerten Männer mit Baseball-Schlägern Jalousien, Fenster und Türen.
Geesthacht/Hamburg: Massenschlägerei zwischen 50 Skinheads und 70 Türken. Die Skinheads hatten vor einer Gaststätte mit vorwiegend türkischen Gästen den Streit begonnen.
Immenstadt (Bayern): Asylbewerberwohnheim von sechs Skinheads mit Knallkörpern in Brand gesetzt. Zwei Asylbewerber und drei Feuerwehrmänner wurden dabei schwer verletzt. Das Haus brannte völlig aus.
Dietenheim/Ulm: Brandanschlag durch Benzinspur auf Asylbewerberheim mit 200 Polen, Rumänen und deutschstämmigen Russen.
Greifswald (Mecklenburg-Vorpommern): Ein marokkanischer Student wurde von 30 Jugendlichen angegriffen: Platzwunden am Kopf und zwei gebrochene Finger.
Rostock: Uruguayer in S-Bahn von zwei Männern geschlagen und mit einem Messer erheblich verletzt.
Springe/Hannover: Angriff auf Asylbewerberheim.
Mannheim: Brandanschlag auf Asylbewerberheim.

Montag, 14. Oktober:
Oberteuringen (Baden-Württemberg): Überfall auf Flüchtlingsheim, ein 19jähriger Afghane wurde dabei geschlagen, getreten und aus einem Fenster im zweiten Stockwerk gestoßen.
Pforzheim: Brandanschlag auf ein Ausländerwohnheim.
Nienburg, Twistringen (Niedersachsen): Brandsatz in Asylbewerberunterkunft geworfen. Vier Männer zerstörten die Fensterscheiben eines Asylbewerberheimes, während sie Hetzparolen gegen die jugoslawischen Bewohner sangen.

Donnerstag, 17. Oktober:
Berlin: Brandanschlag auf ein Busunternehmen, das Asylbewerber nach Ostdeutschland bringen sollte. Fünf Reisebusse brannten aus.

Montag, 21. Oktober:
Ingeln-Oesselse: Fensterscheiben eines Asylbewerberheimes mit 70 Bewohnern mit Steinen beworfen.

Dienstag, 22. Oktober:
Ingeln-Oesselse: Brandanschläge auf fünf Holzhäuser, die von Asylbewerbern bewohnt werden.
Berlin: Aus Protest gegen die Verlegung von Asylbewerbern nach Ostdeutschland wurden fünf Filialen eines Reisebüros in Berlin beschädigt. Busse dieses Unternehmens sollten Asylbewerber nach Eisenhüttenstadt bringen.
Frankfurt/Oder: Vier Polen werden von jungen Deutschen mit Stöcken und Messern in ihrem Auto überfallen.
Trier: Zwei Deutsche werden von fünf Skinheads in einem Linienbus zusammengeschlagen, weil diese sich schützend vor zwei Schwarze gestellt hatten.

Freitag, 25. Oktober:
München: Molotowcocktails in Asylbewerberheim geworfen.

Sonnabend/Sonntag, 26./27. Oktober:
Berlin: Ein Türke wird von drei jungen Männern lebensgefährlich verletzt.
Koblenz: Drei chinesische Asylbewerber werden zusammengeschlagen.

Sonnabend/Sonntag, 2./3. November:
Ritterhude/Bremen: Asylbewerberfamilie wird mit Gasrevolver durch ein Fenster beschossen.
Bad Honnef/Bonn: Brandanschlag mit drei Molotowcocktails auf Ausländerunterkunft mit kurdischen Bewohnern.
Salzhausen/Lüneburg: Die Reifen von 11 Fahrzeugen, die Asylbewerbern gehören, werden zerstochen.
Bad Münder (Niedersachsen): Unbekannter werfen Steine in das Kinderzimmer eines Hauses für Asylbewerber.

Montag, 4. November:
Greifswald (Mecklenburg): Nach gewalttätigen Ausschreitungen mit Hooligans flüchtet eine Gruppe von rund 60 Asylbewerbern nach Neumünster zurück. Die Asylbewerber hatten sich erst in der

Woche zuvor bereit erklärt, nach Greifswald zu gehen, nachdem sie wochenlang die evangelische Anscharkirche in Neumünster besetzt hatten.

Dienstag, 5. November:
Nürnberg: 2. Brandstiftung im Keller eines Ausländerwohnhauses. Sieben Menschen werden verletzt.

Mittwoch, 6. November:
Düsseldorf: Polizei verhindert Überfall von 200 Hooligans auf ein Roma-Lager.

Donnerstag, 7. November:
Hamburg: Brandstifter vernichten den Laden eines iranischen Schneiders.
Ladebow (Mecklenburg): Brandanschläge auf zwei Asylbewerberheime.
Kelkheim (Main-Taunus-Kreis): Fensterscheiben eines Asylbewerberheimes eingeworfen.

Sonnabend/Sonntag, 9./10. November:
Weimar: Mosambiquaner wird durch Schüsse aus einem Luftdruckgewehr an der Schläfe getroffen.

Dienstag, 12. November:
Böblingen: Fensterscheiben eines Asylbewerberheimes eingeworfen. Eine Bewohnerin wurde verletzt, eine ältere Frau erlitt einen Schock.

Die Zahl der ausländerfeindlichen Delikte im gesamten Bundesgebiet hat nach Erkenntnissen des Bundeskriminalamtes seit August deutlich zugenommen. Insgesamt seien in diesem Jahr bis Ende Oktober 1331 Straftaten gemeldet worden.

Die Statistik zeigt, daß von den 324 bisher festgenommenen Straftätern nur 38 Skinheads waren. Die übrigen Täter hatten übewiegend Kontakte zur rechtsradikalen Szene, sind aber nicht organisiert.

Dokumentation: Harko Fischer

Quellenhinweise

Die Reportage von Matthias Matussek: »Jagdzeit in Sachsen«, erschien zuerst im »Spiegel« vom 30. September 1991.

Wolfgang Gehrmann, Kuno Kruse, Reiner Scholz, Eberhard Seidel-Pielen: »Vereint im Fremdenhaß« erschien als Dossier in der »Zeit« vom 11. Oktober 1991.

Frank Drieschner, Kuno Kruse, Ulrich Stock: »Das Deutsche und das Fremde« erschien zuerst als Dossier in der »Zeit« vom 1. November 1991.

Hans-Peter Canibol, Harald Schumacher, Roland Stimpel: »Angst vor Dynamikern« erschien zuerst in der »Wirtschaftswoche« vom 25. Oktober 1991.

Freimut Duves Artikel »Der Pakt des Anstands und der Verantwortung ist zerbrochen« erschien zuerst in: »Kein Asyl bei den Deutschen. Anschlag auf ein Grundrecht«. Hg. Heiko Kauffmann, Reinbek 1986.

Herbert Riehl-Heyse: »Wem nützt die Asylkampagne?« war ein Kommentar in der »Süddeutschen Zeitung« am 12. Oktober 1991.

Wir danken Autoren und Verlagen für die Erlaubnis zum Nachdruck.

Luchterhand Flugschriften

in der Sammlung Luchterhand

Zu allen Zeiten war die Flugschrift ein Mittel der Auseinandersetzung mit politischen Entwicklungen, die den Menschen bedrohen. »Luchterhand Flugschriften« werden in unregelmäßiger Folge zu solchen Fragen Stellung nehmen. Sie werden sich einmischen, parteiisch sein, streiten, provozieren; gedruckte Aufschreie gegen Gewalt und Völkermord, soziale Ungerechtigkeit und ökologischen Gefahren.

Luchterhand Flugschrift 1

»Ich will reden von der Angst meines Herzens«
Autorinnen und Autoren zum Golfkrieg
128 S. Br.
ISBN 3-630-86001-X

Luchterhand Flugschrift 2

Völkermord an den Kurden
Eine Dokumentation der Gesellschaft für bedrohte Völker
Hg. von Tilman Zülch
142 S. Br.
SL 1001
ISBN 3-630-71001-8

Luchterhand Flugschrift 3

Lateinamerika:
Die permanente Invasion
1492–1992
160 S.
SL 1040
ISBN 3-630-71040-9

Nachdenken über Deutschland

in der Sammlung Luchterhand

»Uns ist eine Besinnungspause nicht vergönnt, aus einem extremen seelischen Ausnahmezustand müssen wir über eine Zukunft befinden, die wir gar nicht bedenken konnten.«
Christa Wolf

Die unsichtbare Grenze oder Leben in zwei Welten
Eine ZEIT-Serie von
Ernst-Michael Brandt
SL 1014

»Denk ich an Deutschland ...«
Menschen erzählen von ihren Hoffnungen und Ängsten
SL 1007

Der deutsch-deutsche Literaturstreit oder »Freunde, es spricht sich schlecht mit gebundener Zunge«
Analysen und Materialien
Herausgegeben von Karl Deiritz und Hannes Krauss
SL 1002

Günter Grass
Deutscher Lastenausgleich
Wider das dumpfe Einheitsgebot
Reden und Gespräche
SL 921

Günter Grass
Ein Schnäppchen namens DDR
Letzte Reden vorm Glockengeläut
SL 963

Günter Grass
Schreiben nach Auschwitz
Frankfurter Poetik-Vorlesung
SL 925

Gute Nacht, du Schöne
Autorinnen blicken zurück
Herausgegeben von Anna Mudry
SL 969
Mit Beiträgen von Brigitte Burmeister, Annett Gröschner, Kerstin Hensel, Gabi Kachold, Helga Königsdorf, Angela Krauß, Helga Schütz, Brigitte Struzyk, Gerti Tetzner, Maja Wiens, Rosemarie Zepelin.

Nachdenken über Deutschland

in der Sammlung Luchterhand

Helga Königsdorf
Aus dem Dilemma eine Chance machen
Reden und Aufsätze
SL 1020

Karen Margolis
Der springende Spiegel
Begegnungen mit Frauen zwischen Oder und Elbe
Mit einem Nachwort von Gabi Kachold
SL 981

Mein Deutschland findet sich in keinem Atlas
Schriftsteller über ihr nationales Selbstverständnis
Herausgegeben von Françoise Barthélemy und Lutz Winckler
SL 893

Helga Moericke
Wir sind verschieden
Lebensentwürfe von Schülern aus Ost und West
SL 975

»Nichts wird mehr so sein, wie es war«
Zur Zukunft der beiden deutschen Republiken
Herausgegeben von Frank Blohm und Wolfgang Herzberg
SL 924
Texte über das »Wie« einer deutschen Einheit. Eine grenzüberschreitende Diskussion.

Christa Wolf
Angepaßt oder mündig?
Briefe an Christa Wolf im Herbst 1989
SL 926
Erfahrungsberichte von Eltern, Lehrern und Schülern über das Bildungssystem der DDR. Das Dokument einer jahrzehntelangen Entmündigung.

Christa Wolf
Im Dialog
Aktuelle Texte
SL 923
Reden, Briefe, Aufrufe und Gespräche – Stationen der aktuellen Ereignisse 1989/90

Sammlung Luchterhand zu Fragen der Zeit

Erwin Chargaff
Abscheu vor der Weltgeschichte
Fragmente vom Menschen
SL 999

Das Feuer des Heraklit
Skizzen aus einem Leben vor der Natur. SL 844

Unbegreifliches Geheimnis
Wissenschaft als Kampf für und gegen die Natur. SL 849
Als einer der überragenden Gelehrten unserer Zeit, der selbst jahrzehntelang experimentelle Forschung betrieben hat, weiß Erwin Chargaff, wovon er spricht, wenn er den Wissenschaftsbetrieb vehement kritisiert.

Zeugenschaft
Essays über Sprache und Wissenschaft. SL 904

Daniela Dahn
Kunst und Kohle
Die »Szene« am Prenzlauer Berg
SL 785

Françoise Giroud/
Günter Grass
Wenn wir von Europa sprechen
Ein Dialog. SL 835
Ein Gespräch über Europa im allgemeinen und über die Beziehungen zwischen Frankreich und der Bundesrepublik im besonderen.

Beata Lipman
Alltag im Unfrieden
Frauen in Israel, Frauen in Palästina
SL 833
40 Jahre des Krieges und der Spannung zwischen Israelis und Arabern haben den Alltag dieser Frauen geprägt.

In die Flucht geschlagen
Geschichten aus dem bundesdeutschen Asyl
Herausgegeben von
Anja Tuckermann
Mit zahlreichen Abbildungen
SL 852

Lebensmitte
Eine Generation zieht Bilanz
Geschichten aus der DDR
Hg. Joochen Laabs und
Manfred Wolter
SL 817. Originalausgabe

Orlando Mardones
Mensch, du lebst noch!
Ein Chilene erzählt
Hg. und übersetzt von
Winfried Roth
SL 823. Originalausgabe

Peter Schneider
Deutsche Ängste
Sieben Essays. SL 782

»Wie war das eigentlich?«

Luchterhand Literaturverlag

Detlev Claussen
Vom Judenhaß zum Antisemitismus
Materialien einer verleugneten Geschichte. SL 677

Max von der Grün
Wie war das eigentlich?
Kindheit und Jugend im Dritten Reich
Mit einer Dokumentation von Christel Schütz und einem Nachwort von Malte Dahrendorf
SL 345

Josef Haslinger
Politik der Gefühle
Ein Essay über Österreich
SL 692. Originalausgabe

Peter Härtling
Felix Guttmann
Roman. SL 795

»Ich war für all das zu müde«
Briefe aus dem Exil
Gesammelt von Peter Härtling
SL 998

Gert Hofmann
Veilchenfeld
Erzählung. SL 750

Gabriele Kreis
Frauen im Exil
Dichtung und Wirklichkeit
SL 812

Hans Sahl
Memoiren eines Moralisten
SL 932
Der erste Teil von Hans Sahls Erinnerungen – mit Fotos aus seinem Privatalbum.
Ein brillant erzählter Erlebnisbericht und zugleich ein Stück deutscher Geschichte von 1902 bis 1933, dem Jahr, in dem Sahl aus Deutschland fliehen mußte.

Das Exil im Exil
Memoiren eines Moralisten II
232 Seiten. Leinen
Eine Veröffentlichung der Deutschen Akademie für Sprache und Dichtung
Auch als SL 967

Michael Schneider
Das »Unternehmen Barbarossa«
Die verdrängte Erblast von 1941 und die Folgen für das deutsch-sowjetische Verhältnis
SL 857

Peter Schneider
Vati
Erzählung. SL 847

Valentin Senger
Kaiserhofstraße 12
SL 291

Hans Wüllenweber
Sondergerichte im Dritten Reich
Vergessene Verbrechen der Justiz
SL 909

Fatema Mernissi

im Luchterhand Literaturverlag

Die Sultanin
Die Macht der Frauen in der Welt des Islam
Aus dem Französischen von Edgar Peinelt
260 Seiten. Gebunden

Die Welt des Islam – aus neuer Sicht

»Die Bühne des Zeitgeschehens ist in den muslimischen Ländern immer eine Drehbühne: ein Szenenbild zeigt die Gegenwart, das andere die Vergangenheit.«
Als 1988 in Pakistan eine Frau zur Premierministerin gewählt wurde, Benazir Bhutto, empfand man dies in der Welt des Islam als krassen Bruch mit der Überlieferung. Tatsächlich wurde Benazir Bhutto schon nach zwanzig Monaten ihres Amtes enthoben.
Die Marokkanerin Fatema Mernissi, die sich seit langem mit der Rolle der Frau in der Welt des Islam beschäftigt, machte bei ihren Studien über den Einfluß von Frauen in der Geschichte der muslimischen Länder die Entdeckung, daß oftmals über kurze und weite Spannen hin in den großen Zeiten und Räumen islamischer Herrschaft Frauen die weltliche Macht innegehabt haben. Sultaninnen herrschten einst über Delhi, Kairo, Sanaa, Granada. Andere übten als »Lieblingssklavinnen« eines Herrschers oder »graue Eminenzen« in der Welt des Harems, als Ehefrauen oder Mütter eines Sultans oder Kalifen Einfluß und Macht aus. An Beispielen fehlt es nicht – nur waren sie unbekannt, weil die Geschichtsschreiber sie verschwiegen, unterdrückten.
Fatema Mernissi, »eine moderne Scheherezade«, erzählt die Geschichte dieser Frauen. Sie führt ihre Leserinnen und Leser durch die bewegten Ereignisse der Epochen: Eroberungen, Umwälzungen und Spaltungen. Aber auch Größe und Glanz der islamischen Kultur werden sichtbar.
›Die Sultanin‹ ist nicht zuletzt ein ebenso umfassender wie aktueller Beitrag zur Frauenfrage und Emanzipation in den muslimischen Ländern und zugleich ein anschauliches lehrreiches Buch über die Macht und ihre Paradoxien.

Der Harem ist nicht die Welt
Elf Berichte aus dem Leben marokkanischer Frauen
Hg. von Fatima Mernissi
SL 789
Innenansichten aus dem Harem – marokkanische Frauen schildern ihre Lebenswirklichkeit.

Frauen bei uns und anderswo – gestern und heute

in der Sammlung Luchterhand

Sibilla Aleramo
Tagebuch einer Frau 1945–1960
Aus dem Italienischen
von Gisela Baratta und
Maja Pflug
Das Tagebuch der Autorin von
Una donna.

Bubikopf
Aufbruch in den Zwanzigern
Texte von Frauen
Hg. Anna Rheinsberg
Originalausgabe
SL 753

Gute Nacht, du Schöne
Autorinnen blicken zurück
Hg. von Anna Mudry
Originalausgabe
SL 969
Schriftstellerinnen der ehemaligen DDR berichten offen und kritisch, wie sie heute ihre Lebensgeschichte sehen.

Der Harem ist nicht die Welt
Elf Berichte aus dem Leben
marokkanischer Frauen
Hg. Fatima Mernissi
SL 789

Gabriele Kreis
Frauen im Exil
Dichtungen und Wirklichkeit
SL 812
»Ein spannendes Geschichts- und Geschichtenbuch über die alltägliche Wirklichkeit des Exils.«
WDR

Marie-Luise Könneker
Mädchenjahre
Ihre Geschichte in Bildern
und Texten
SL 307

Beata Lipman
Alltag im Unfrieden
Frauen in Israel, Frauen in Palästina
SL 833

Karen Margolis
Der springende Spiegel
Begegnungen mit Frauen zwischen
Oder und Elbe
Originalausgabe
SL 981

Paola Masino
Die Geburt der Hausfrau und ihr Tod
Roman
Aus dem Italienischen
von Maja Pflug
SL 983

Aysel Özakin
Die Preisvergabe
Roman
SL 840
Drei Generationen von Frauen in der Türkei, drei Versionen, Mißfallen auszudrücken, sich zur Wehr zu setzen.

Aysel Özakin
Die Vögel auf der Stirn
Roman
SL 978